图书馆读者服务与创新研究

施 瑜 ◎ 著

吉林出版集团股份有限公司

图书在版编目（CIP）数据

图书馆读者服务与创新研究 / 施瑜著. — 长春：吉林出版集团股份有限公司，2023.10
　ISBN 978-7-5731-4420-1

Ⅰ.①图… Ⅱ.①施… Ⅲ.①图书馆工作－读者服务－研究 Ⅳ.①G252

中国国家版本馆 CIP 数据核字 (2023) 第 207663 号

图书馆读者服务与创新研究
TUSHUGUAN DUZHE FUWU YU CHUANGXIN YANJIU

著　　者	施　瑜
责任编辑	滕　林
封面设计	林　吉
开　　本	787mm×1092mm　1/16
字　　数	210 千
印　　张	14
版　　次	2023 年 10 月第 1 版
印　　次	2024 年 1 月第 1 次印刷
出版发行	吉林出版集团股份有限公司
电　　话	总编办：010-63109269
	发行部：010-63109269
印　　刷	廊坊市广阳区九洲印刷厂

ISBN 978-7-5731-4420-1　　　　　　　　　　　　定价：78.00 元

版权所有　侵权必究

前　言

近年来，知识经济的崛起以及信息资源网络化的迅速发展，给我国各行各业带来了新的发展机遇和挑战。尽管人类社会已经进入信息社会，尽管新媒体环境对图书馆产生了巨大影响，但是读者仍然是图书馆服务的主要对象，为读者服务依然是新媒体环境下图书馆的主要宗旨和工作目标。图书馆的读者服务工作是指图书馆利用馆藏资源和条件，通过组织研究藏书，研究读者心理，帮助读者利用馆藏资源，从馆藏资源中获取知识、信息，从而提升读者的认知水平，丰富与完善读者的知识体系，实现图书馆与文献信息存在价值的一系列活动。

本书对图书馆读者服务与创新进行探讨，从图书馆发展的历程入手，并详细的介绍了图书馆的核心业务与服务、图书馆读者服务，接着对高校图书馆服务工作体系的构建进行探讨，最后重点研究了互联网背景下大数据对高校图书馆的影响、互联网背景下高校图书馆资讯数字化服务平台建设以及互联网背景下高校图书馆服务内容创新等内容。

另外，作者在撰写本书的过程中参考和借鉴了一些学者的研究成果，在此表示衷心的感谢。由于作者水平有限，书中难免有不足之处，恳请读者批评指正。

作　者

目 录

第一章 图书馆发展的历程 ... 1
第一节 图书馆的起源与发展 ... 1
第二节 图书馆的文化解读 ... 10

第二章 图书馆的核心业务与服务 ... 36
第一节 馆藏建设 ... 36
第二节 文献加工 ... 38
第三节 文献提供 ... 39
第四节 信息服务 ... 41
第五节 读者活动 ... 43
第六节 讲座与培训 ... 44

第三章 图书馆读者服务 ... 46
第一节 读者服务工作的内容与方法 ... 47
第二节 读者服务工作在图书馆中的地位和作用 ... 55
第三节 读者服务工作的发展趋势 ... 63

第四章 高校图书馆服务工作体系的构建 ... 87
第一节 高校图书馆服务标准的要素 ... 87
第二节 高校图书馆服务标准的体系结构 ... 97

第五章　互联网背景下大数据对高校图书馆的影响 …… 102

第一节　互联网背景下大数据对高校图书馆的影响 …… 102

第二节　互联网背景下大数据对图书馆行业的影响 …… 130

第三节　互联网背景下大数据时代图书馆学 …… 135

第六章　互联网背景下高校图书馆资讯数字化服务平台建设 …… 144

第一节　信息服务建设内容与结构 …… 144

第二节　数字化服务平台内容及规划 …… 151

第三节　面向企业的个性化信息服务平台构建 …… 155

第四节　数字化服务平台使用的关键技术 …… 163

第七章　互联网背景下高校图书馆服务内容创新 …… 172

第一节　互联网背景下高校图书馆资源共享服务 …… 172

第二节　互联网背景下高校图书馆检索服务 …… 179

第三节　互联网背景下高校图书馆个性化信息服务 …… 186

第四节　互联网背景下高校图书馆嵌入式服务 …… 194

第五节　互联网背景下高校图书馆知识服务 …… 201

第六节　互联网背景下高校图书馆阅读推广 …… 209

参考文献 …… 217

第一章 图书馆发展的历程

第一节 图书馆的起源与发展

图书馆是整理、保存、传播文献并提供利用的科学、文化、教育机构。它的产生和出现是以文字的产生为前提的。在我国，它经历了漫长的"封建藏书楼"时期，发展至今已有数千年的历史。图书馆起源于奴隶社会，成熟于封建社会，那时文献流通量小，重藏轻用，是农业文明的产物。近代图书馆是工业文明的产物，对文献藏用并重。现代图书馆是信息时代的产物，是全面开放的信息系统。未来的图书馆将是无纸社会的产物，是没有围墙的图书馆。图书馆的存在形态必须与社会发展相适应，在社会变革的挑战面前，图书馆只有与时俱进，才能求得生存与发展。

在我国古代封建社会，图书馆主要是典籍收藏的一个场所。封建社会的藏书楼是从战国直至清代末年，中国长期的封建社会中央集权制的巩固，促进了官府藏书体系的形成、发展和兴盛。写本书的盛行和印刷术的推广，学术文化的繁荣，促使私家藏书连绵不绝。宗教的传播，为佛寺、道观藏书提供了有利条件。书院的创立和发展，促成了书院藏书系统的建立。

我国古代的图书馆大体可以分为四个体系，即官府藏书、书院藏书、私人藏书和寺观藏书。用于收藏典籍的图书馆几乎贯穿着我国整个封建社会的历程。它的主要特点是以藏为主，图书馆文献仅为少数人利用，所以人们普遍称这个时期的图书馆为藏书楼。可见古代图书馆以收藏和保存图书为主，基本上属于宫廷和神学的附属品。

根据文献和考古来看，我国的官方藏书早在夏朝就已出现。关于图书的起源，《易·系辞上》说："河出图，洛出书。"可见在周代以前就有了藏书之举。商王朝从商汤开始就有典籍记载了推翻夏王朝的历史，有史官负责收藏商王的言行、前朝的文献和刻辞甲骨。刻辞甲骨是今人所见最丰富的原始文献，主要有干支表，记事刻辞和卜辞。甲骨卜辞更可视为一部编年体的商代百科全书，记载占卜与应验情况，是统治者寻求神权统治的依据，文献多贮藏于宗庙"龟室"中。

我国图书馆起源于周朝，周代除王室有收藏文献的库室外，各诸侯国也有文献库室。另外，周朝设有专门收藏典籍的机构"盟府"，并配下史一职进行管理。

秦汉以后，图书馆工作逐渐与档案管理和史官职责分离，开始走上独立发展的道路。汉代造纸术的发明与改进，为纸质文献的产生提供了条件。

竹木简是秦汉时期最主要的书写材料，将字刻在竹或者木削后的片上。竹木简最大的缺点就是比较重，刻字很麻烦，根据史料记载，秦朝时期，秦始皇每天批阅的奏章就有100多斤。竹木简的长度不一，用途也各有不同。长简一般是用来书写国家的法律法规，抄写各种经书。由于其较长的特点，被称为"大册"或者是"典"。而短的木简则用来写传记等，字数多少没有定数，少的可以一两个，多的达到几十个。秦朝时期对简的长度相比汉朝规定较严格，秦朝对竹木简的大量使用比较常见。

帛书出现时间相对竹木简晚，但是在使用时间上却是同时的。帛相比竹木简最大的优点是书写简单，重量轻。但是帛由于比较贵重，在秦汉时期，帛书和竹木简并行使用，帛书并没有代替竹木简。帛书的长短是比较随意的，可以根据内容多少随意改变。

石刻书籍形式。秦汉时期出现了石刻文字，石鼓文发起，使得秦汉时期的石刻比较兴盛。秦始皇巡游时，经常在石头上刻字，当年的琅琊山石刻依然存在。而汉朝时期的石刻最早兴起于鲁孝王的"五凤石刻"。其后出现了石碑刻字，用来颂扬死去的人，或者用来赞扬某大型工程。直到东汉灵帝时期，石刻书籍出现，它是书法家把经书抄写在石碑上，这种工作主要由专门的木匠完成。石刻书籍促进了雕刻印刷术的产生。

纸本书籍形式。西汉以前的帛书和竹木简都存在各种缺点。直到西汉宣帝时期发明了麻纸，此时麻纸比较粗糙。东汉中期蔡伦发明蔡侯纸，促进了我国造纸产业。蔡侯纸价格低，容易书写，作为我国四大发明之一的造纸术的产生，促进了人类文明的发展。

三国魏晋南北朝由于战争频仍，无论是各国的官府藏书，还是私人藏书，都历经几度积累、破坏和恢复，但图书馆发展总体仍呈现曲折上升的趋势。隋唐之际，魏征、虞世南、颜师古相继出任秘书省官员，广购天下图书，并选拔书法好的人抄书，然后收藏于秘书省内。玄宗也特地修建书院，专门抄校书籍。还聘用女子管理员，在长安就抄写了5100多卷书，并且把这些书装饰得非常考究：玉轴牙签，肖锦飘带，不同种类着不同颜色。

宋代太宗建立崇文院，专做藏书之地，后来又设书库，叫秘书阁。当时著名的个人藏书家宋敏求藏书3万卷，让别人借阅，与现在的阅览室差不多。

元朝，专门收藏书籍的图书馆，先有宏文院，后有艺林库。至明清两代，国家藏书得到空前发展，明朝宫廷建有文渊阁。我国最大的类书，世界上第一部大百科全书——《永乐大典》，在明迁都北京时搬到文渊阁。

清朝的藏书处所之多，拥有图书之丰富，都远远超过以往任何朝代。有名的国家图书机构，北京有文渊阁、文源阁，承德有文津阁，沈阳有文溯阁，镇江有文宗阁，扬州有文汇阁，杭州有文澜阁等。《四库全书》被抄写成七份，分别收藏在这些阁中。我国古代的图书馆，大都用亭、台、楼、阁、斋、堂、轩、居、室、庵之类作名称，其中尤以阁、室、院、馆为多。不过，这些藏书并不会对外公开，一般的老百姓是读不到的。

一、商、周时期图书馆的发展

图书馆在我国起源较早，早在商周时期，就有图书馆的存在。当然，那时的图书馆与我们现在的多功能图书馆功能差异较大，完全是两个概念。彼时，图书馆主要用来收藏典籍，图书馆的使用功能极其小，只有特定的人群才能用得上。

典籍收藏的起源。中国文字起源很早，文字的创制为典籍的出现准备了条件。河南安阳小屯村殷墟出土的大量甲骨文，是具有严密文字规律的古代文字。公元前11世纪至公元前8世纪，处于奴隶制社会的商、周王朝，已有担任文化事务的史官和宗教事务的卜、贞人。他们把占卜时间、占卜者姓名、占卜的结果等卜辞刻于甲骨上，形成早期的文献。《尚书》载"惟尔知，惟殷先人，有典有册"，考古发掘和文献记载都说明商代已有记录史事的典、册。既有文献，且有专门史官管理。史官对这些文献进行有目的的收集、积累、整理和储藏，是古代典籍收藏的雏形。

西周至春秋时期，史官增多，有专司文件起草与发布，典籍管理与提供检阅利用的史官。史载，老子为周守藏室之史，各诸侯国亦有史官专门记言记事。官守其书。先秦文献记载有策府、天府、盟府以及室、周室、藏室等称呼，可能是分别收藏文献的处所，并由史官管理。史官对典籍产生、收藏、传播和利用起着重要的作用。战国以前的这种藏书室就是中国图书馆的起源。

二、秦、汉、魏晋、南北朝时期图书馆的发展

秦朝结束了纷乱的战国时代，中国实现了大一统，秦始皇在统一了度量衡的基础上，对相关的典籍也进行了统一。简册、帛书盛行时期的官私藏书在秦汉的宫廷中都设置专门官吏管理。秦末焚书，先秦图书遭受损失。汉初，宫廷中建造专门楼阁贮藏书籍，如天禄阁、麒麟阁、石渠阁。汉武帝建藏书之策、置写书之官，宫廷藏书初具规模。西汉末，朝廷外有太常、太史、博士之藏，内有延阁、广内、秘室之府，初步建立起宫廷藏书与官署藏书。刘向等整理官府藏书，使藏书制度逐步完善。西汉末，藏书散失，但东汉之兰台、东观仍为朝廷中重要藏书和校书的机构。桓帝延熹二年（159年）朝廷设置秘书监，官府藏书开始有专门机构进行管理。私家藏书在战国时出现，但当时藏书家不多，藏书数量不大。两汉私人得书较易，学术研究和文化交流又需要自备藏书，私家藏书逐步增多。宗室刘德、刘安和学者扬雄、马融、蔡邕都有藏书，有的达数千卷。

三国以后，图书以纸写本为主，书用纸卷写作，制作方法简便，利于流传，图书数量激增，从而全面促进各种藏书处所的建立。三国两晋间，于秘书省下设秘书监，主管艺文图籍和著述、编纂，官府藏书迅速发展。晋之东观、仁寿阁，南朝宋之聪明馆、齐之学士馆、梁之文德殿，以及北朝北齐之仁寿阁、文林阁，后周之麟趾殿，都富有藏书。秘书监官吏众多、分工明确，不

断进行官府藏书的整理、编目，积累了历代著作并收集当时行世的重要著述，还利用藏书培养宗室子弟和新进士子，官府藏书成为朝廷重要文化学术机构。官吏和文士皆以藏书相尚，晋朝张华有书30乘（车），连官府也向他借抄。梁朝沈约有书2万卷。梁朝任昉藏书万卷，多异本，可补官府藏书之不足。宗教藏书因佛教的流行和道教的兴盛得以发展，佛教寺院既是译经、传经之地，也是佛教典籍收藏之所。两晋、南北朝寺院林立，藏经甚多，梁代宫廷中有华林园藏佛典，编成《华林殿众经目录》著录佛经3700卷。定林寺编成《定林寺经藏目录》。道教典籍在逐步积累中也形成专藏。但按道教教规，典籍一般不广泛流传，只秘藏道教宫、观中。南朝刘宋的崇虚馆通仙台、齐的兴世馆、梁的华阳上下馆、北朝北周的玄都观、通道观等都富有藏书。

三、隋唐时期图书馆的发展

隋唐是中国藏书事业发达的时期。隋唐图书编纂与著述的兴盛，文化学术的繁荣，促使公私藏书空前兴盛。隋代秘阁藏书各写若干副本，以书轴装潢不同颜色区分等级，两京各有藏书多处，西京长安的嘉则殿、东都洛阳的观文殿，在藏书数量，书库装饰，管理秩序上都名噪一时。唐代官府藏书设置更多，如弘文馆、史馆、集贤书院，都是规模很大的藏书机构。各处均分设专门官员，由秘书省组织图书的收集、整理、抄录、入藏事务。唐代官府藏书在提供朝廷政事参考、编纂史书、校勘经典、培养宗室子弟与新选进士等工作中，都起过重大的作用。安史之乱，唐代官私藏书多有损失。唐末五代时，藏书又有发展。隋唐时期，私家藏书多集中于京都等大城市及四川、江南等地，如李泌藏书称插架3万轴。有些藏书家开馆供四方人士阅读。私家藏书在社会上产生了比较广泛的影响。隋唐时，宗教藏书更趋兴盛。唐时长安有大兴善寺，洛阳有上林园设立译场，翻译佛教经典。玄奘回国带回佛典，于长安大慈恩寺译经，长安大慈恩寺、弘福寺等都有大量佛典收藏，封建统治者采取统一译经、抄写，分送各地寺院收藏的办法，使全国各地寺院大量收藏佛典。佛教僧侣还编制佛经目录。道教典籍的积累和收藏在唐代最为丰富。官府组织编纂与抄录，分送各地宫观，逐步形成唐代道教的藏书体系。

四、宋元时期图书馆的发展

印本书时期的官私藏书和书院藏书。唐初，雕版印刷术发明后，逐步推广于民间。五代以后，印本书兴盛。从宋代至清末，出现各种印刷方法，图书生产和流通趋向专业化，官刻、私刻、坊刻系统形成，是中国古代藏书体系走向全面发展的重要时期。宋初在收集五代十国官府藏书基础上建立了庞大的官府藏书体系。公元978年，崇文院建成。崇文院东廊为昭文书库、南廊为集贤书院、西廊为史馆书库，分经、史、子、集四库。又抽取珍善藏本别建秘阁。宫廷中还建有太清楼、龙图阁、玉宸殿、四门殿等藏书处所，专藏历代皇帝御笔文集、真迹、书画。北宋末，藏书多有散失，南宋在临安（今杭州）建秘书省，收藏和整理图书，并有补写所从事书籍抄写。此外，各地州学也建阁藏书。辽道宗时，有乾元阁。金章宗时，有宏文院。元代统一中国后亦广事收罗，元文宗时，有艺林库，皆以书籍积累众多闻名。宋以后，私家藏书遍于各地。北宋著名文学家、史学家皆以藏书辅助写作活动，如江正、李昉、宋敏求、王钦臣等。司马光藏书注意保护，传为佳话。李公择置书于庐山僧舍，可供众人阅读。蜀之晁公武，浙之陆游，闽之郑樵，江南之尤袤、陈振孙、周密等，皆是著名藏书家。由于藏书版本增多，数量剧增，私家藏书目录相继编制和流传，部分藏书家藏书公开，亦有利于文化交流与学术发展。和官府、私家藏书相互辉映的还有书院藏书。书院是宋元时兼有讲学、研究、进修诸种职能的文化教育机构。宋代如白鹿书院、岳麓书院、睢阳书院、嵩阳书院皆备有书籍，供学者和生徒使用。书院藏书的来源，有朝廷赐送、私人赠送、书院自行购置等。藏书有专门楼库收藏，并有专门人员管理。藏书利用甚为普遍，在各种藏书类型中独树一帜，特别在书院教学、著述和研究活动中发挥了巨大的辅助作用。

五、明清时期图书馆的发展

明清两代是古代藏书事业最为繁荣的时期。明初，明太祖朱元璋收集元朝遗留图书，置于文渊阁。明成祖朱棣编纂《永乐大典》时，广泛利用文渊阁藏书。

1407年，《永乐大典》编成，入藏于文渊阁，后迁至北京。明代中期，整理文渊阁书籍并编制目录。嘉靖时还建造了皇史宬，建筑全部是石头结构，收藏皇帝事迹、实录、宝训、玉牒于金匮中，取"金匮石室"之意，至今无损。宫廷中亦设置多处藏书楼阁。此外，国子监等官署亦编书、印书、藏书。各地州县学亦积累藏书，成为地方性官府藏书。清立国后，除保留文渊阁藏书外，还建立了多处藏书楼阁。乾隆帝弘历在编成《四库全书》后，分别抄写7部，并建楼收藏，其中江南三阁供士子借读，可视为公共藏书楼。此外，宫廷中有养心殿的"宛委别藏"，还有五经萃室、紫光阁、南薰殿、味腴书屋等处收藏图书。刻书处武英殿，官署的翰林院都有藏书，形成了庞大的官府藏书体系。

1776年，设立文渊阁职官，有领阁事、直阁事、校理、校阅等官吏，直接管理整个官府藏书的工作。在近代频繁的战乱中，清代各处官府藏书楼，遭受不同程度的损失，四库七阁中的文宗、文汇、文源等阁彻底被焚毁。明清时期，私家藏书在社会生活中产生巨大影响。明初，私家藏书继承元代私家藏书的遗风，并略有发展，如明宗室和诸大臣均富有藏书。明代中期后，江南藏书家唐顺之、王世贞、刘凤、钱谷、沈节甫、茅坤均名著一时，特别是嘉兴项元汴的天籁阁，鄞县（今浙江宁波市）范钦的天一阁均为较大藏书楼。万历以后赵琦美的脉望馆、毛晋的汲古阁、祁承㸁的澹生堂和陈第的世善堂、徐火勃的红雨楼等，在私家藏书中又属佼佼者。明末清初，江浙继起的藏书楼有钱谦益的绛云楼、黄虞稷的千顷堂、徐乾学的传是楼、曹溶的倦圃、朱彝尊的曝书亭，皆名重一时，尤以黄宗羲之续抄堂，其抄书目的和藏书利用为时人所称道。

清乾嘉年间，学术研究的繁荣，促使私家藏书楼遍及各地，并出现嗜书成癖的收藏家、专收宋元版本的鉴赏家、从事书籍校勘整理的校雠家，黄丕烈、周仲涟、顾之逵、吴又恺被称为乾嘉四大藏书家。鲍廷博、卢文弨、顾广圻、孙星衍、张金吾等亦以藏书、校勘、刻书闻名于世。鸦片战争以后，各地藏书之风仍然兴盛，如钱塘丁氏八千卷楼、常熟瞿氏铁琴铜剑楼、聊城杨氏海源阁、归安陆氏皕宋楼，被称为清末四大藏书楼。至于苏州潘氏宝礼堂、江阴缪氏艺风堂，以及海盐张元济、江安傅增湘、德化李盛铎、武进董康、长沙叶德辉、吴兴刘承干等，都在藏书家中占有重要地位。明代以后，各地书院继续发展，全国书院达1300所，书院由政府控制，其作用由讲学发展至考课。书院藏书不仅为山长教学所必需，而且可供生徒学习参考，故普遍建成藏书楼，藏书数量和管理方法更趋完善。清代书院更为发达，成为讲学、研究、著述兼备的学术研究和教育、文化机构。

1901年，清廷诏令各省省城书院改为高等学堂，各府厅书院改设中学堂，州县书院改设小学堂。书院藏书成为各地中小学校图书馆藏书的重要来源。

当然，这些图书馆具有浓厚的封建社会氛围，就算是较为发达的明清阶段，图书馆的主要功能仍是进行典籍收藏，而且功能性、目的性甚是单一，与近现代的图书馆大相径庭，完全是两个概念。

客观认识图书馆的历史定位，科学总结图书馆的发展特点，正确把握图书馆的发展未来，是图书馆学研究的重要使命。图书馆发展的过程与特点揭示，图书馆正在成为百姓的知识公园、人们的学习中心和社会的交流中心，并正在走向人类理性的精神家园。图书馆并非行将消亡，相反，正处在蓬勃发展中。阮冈纳赞"图书馆是生长着的有机体"的论断并未过时，依然可为当前和未来图书馆的发展特点提供佐证。传统的图书馆虽然有太大的时代局限性，但是，对我们今天的图书馆事业的发展，仍有积极的指导意义。

第二节　图书馆的文化解读

一、图书馆文化的内涵及功能

（一）文化的内涵与特征

文化的内涵十分丰富，不同领域的人对文化有着各不相同的界定。尽管许多学者一直试图从各自所学学科的角度界定文化的概念，然而迄今为止，仍没有获得统一的概念。

关于文化的概念，可大致分为狭义文化和广义文化两种。狭义文化的早期经典学说，表明文化是一个复杂的整体，这个整体包括知识、信仰、艺术、道德、法律、习俗和任何人作为社会成员而获得的能力和习惯。1871年，英国文化学家泰勒在其经典著作《原始文化》一书中指出："文化或文明，就其广泛的民族学意义来说，是包括全部的知识、信仰、艺术、道德、法律、风俗以及作为社会成员的人所掌握和接受的任何其他的才能和习惯的复合体。"① 而广义的文化，则指社会和个人在历史上一定的发展水平，它表现为人们进行生活和活动的种种类型和形式，以及人们创造的物质和精神财富。这一概念被收录于1973年版的《苏联大百科全书》②。由此可见，狭义的文化将文化界定为意识形态里形成的文化，广义的文化则包含了人类社会的全部遗产和社会生活的全部领域。文化的内容包括物质文化、精神文化及行为文化。文化主要有以下几个方面的特征：

1. 文化具有象征性

象征性指文化现象总是具有广泛的意义，人们生活于象征性的社会之中，衣、食、住、行都具有象征性。例如，在汉语中，"白"有"一无所有"之意，如一穷二白；白旗又意味着投降；白衣是我国古代的孝服，而现代的"白衣天使"又是护士的称谓。黑色，在汉语中常有贬义，如黑帮、黑社会、黑市、黑户等。文化的象征性由此可见。人的一生，在很大程度上就是学习文化象征性的过程，这是由于文化的象征性充斥于全部的社会活动和社会秩序之中，人类社会的发展也体现为文化象征性的发展。因此文化的意义远远超出文化现象所直接表现的那个狭小的范围，文化具有广泛的象征性。

---

① （英）泰勒. 原始文化[M]. 蔡江浓，译. 杭州：浙江人民出版社，1988.
② 顾柏林.《苏联大百科全书》（第三版）有些什么特点[J]. 辞书研究，1982(5)：50-55+107.

2. 文化具有传递性

传递性是指文化一经产生就要被他人模仿、效法、利用。传递可以从两个方面实现：纵向传递和横向传递。纵向传递指人们通过多种方式将文化一代一代地传下去，这种传递在社会学上又称为"社会化"。横向传递指文化在不同地域、民族之间的传播。以饮食文化为例，现在世界上为人们所享用的食品中，番茄、土豆、玉米、可可出自美洲，咖啡来自非洲，啤酒源于古埃及，蔗糖则从印度而来，我国为这张世界食谱提供的是大米、茶叶等。由此可见，来自不同地域和民族的食品汇集在人们的日常生活中，构成了饮食文化的横向传递，各种文化交流和融合极大地促进了各民族社会的不断发展。

3. 文化的变迁性

通常认为，文化的状态不是静止不动的，而是时刻处于复杂变化之中。大规模文化变迁的发生，可归结于三种因素：

（1）自然条件的变化。包括气候变化、自然灾害、资源匮乏、人口变迁。

（2）不同文化之间的接触。包括不同国家、民族在技术、生活方式、价值观等方面的接触和交流。

（3）发明与发现。各种技术的发明、创造，导致人类社会文化的巨大变迁。

（二）图书馆文化的含义及特点

图书馆文化是一种客观存在的文化现象。从广义上看，是指图书馆在办馆过程中创造的物质财富和精神财富的总和，包括物质、制度和精神三个层次。图书馆文化是一个有层次结构的理论体系，是以精神文化为核心，伴之以制度文化、物质文化而构成的整体。

1. 物质文化

图书馆文化的第一个层次就是物质文化，它处于图书馆文化的表层部分，具体表现为图书馆建筑、设施、环境布局、绿化、美化、园林艺术、厅堂装饰、书架排列及文献排放等等。图书馆物质文化是精神文化的外在表现形式，人们往往先从这些物质文化形态上看出图书馆的精神面貌。图书馆的物质文化有三个显著特点：

（1）强烈的时代感。图书馆物质文化的发展水平最终取决于社会生产力的发展水平。社会不同历史时期，人们创造的物质文化当然要符合当时生产力的发展水平，图书馆也不例外。不同时代建造的图书馆，单从建筑及厅堂设施来看就各具特色，这就是与建造时代相同的物质文化特征。

（2）外显性特点。图书馆的物质文化常常是可以观察得到、触摸得到和感受得到的，它处于图书馆文化体系中的表层部分，属于图书馆硬文化，有很强的外显性。

（3）发展性特点。在很大的程度上，图书馆的大部分硬件文化是在建馆之初已经设计好的，如图书馆建筑的外形及内部结构、图书馆的厅堂装饰等，但是随着时代的发展、社会的进步，图书馆的一些物质文化也在悄然改变原来的面貌，跟随时代的发展而进步。

2. 制度文化

图书馆文化的第二个层次是制度文化，它属于图书馆文化的中间层，包括图书馆领导体制、人际关系及其开展正常服务活动制定的规章制度和实行这些规章制度的各种物质载体的机构设置等。图书馆制度文化的特点有三个方面：

（1）保障性特点。整个图书馆精神的发扬、目标的实现、道德风尚的确立、民主的形成、环境的建设维护、员工风貌的保持等，都需要制度文化的保障。否则图书馆的文化建立将成为一句空话，甚至连开馆运行都会成为问题。

（2）中介性特点。制度文化是图书馆精神文化和物质文化的中介，图书馆的精神文化通过图书馆的制度转化到物质文化层。

（3）制度文化的时代性特征。制度文化的形成是一个不断修正、创新的过程，随着时代的发展，图书馆的制度文化也在不断完善，并具有明显的时代特征。例如现代图书馆的人文关怀、人本主义理念就在制度文化中体现出来。

因此，图书馆要经常根据事业的发展、理念的进步、工作要求的变化及时修订、更新规章制度，使之跟上时代的步伐。其实，图书馆的规章制度也是一种文化。图书馆的组织文化可以从图书馆的规章制度中显现出来，传导给馆员和读者。同时，通过规章制度把图书馆的理念、宗旨、准则加以具体化、清晰化、明确化，约束组织成员的行为方式，促进组织成员按照组织要求养成行为习惯。

3. 精神文化

图书馆文化的第三个层次是精神文化。它处于图书馆文化的核心层，包括用以指导图书馆开展服务活动的各种行为规范和价值观念，图书馆的群体意识和员工素质等。图书馆的精神文化特点也有三个方面：

（1）不同的图书馆，精神文化特点各不相同。这是由于每个馆都有自身的物质基础和文化氛围。不同的图书馆领导者也各有不同的价值观和性格特点，崇尚不同的伦理道德，倡导不同的图书馆精神。每一个图书馆的精神文化，都具有自身的内容和形式。

（2）图书馆文化是时代性和历史性的统一。由于图书馆文化是一代又一代的图书馆人长期积累的结果，是历史沉淀的结晶，反映图书馆发展的历史进程，具有历史性。

（3）图书馆文化又必须紧跟时代的脉搏，科学技术的发展，满足现代社会不断增长的信息需求，能满足当代主流用户群体的人性化信息需求，具有时代性。

（三）图书馆文化的功能

文化属于社会的上层建筑范畴。图书馆文化作为整个社会文化的一个重要组成部分，属于公益性文化事业范畴，文化对于图书馆的生存与发展具有深刻的影响。根据近年来国内外学者的研究和图书馆的实践，图书馆文化的功能可以归纳为以下几点：

1. 向导功能

图书馆文化反映图书馆整体的共同追求、共同的价值观和共同的利益，它对图书馆馆员和读者群的思想、行为产生向导作用。良好的图书馆文化能够潜移默化影响馆员接受并形成本馆共同的价值观，能在文化层面上结成一体，朝着共同确定的图书馆目标奋进。同时，图书馆也在对读者的服务中影响读者，使其养成良好的行为习惯。

2. 凝聚功能

在特定的文化氛围之下，全体馆员通过切身感受，产生对本职工作的自豪感和使命感，对图书馆的目标、准则和观念产生认同感和归属感，馆员把自己的思想、感情、行为与整个图书馆联系起来，使图书馆产生强大的向心力和凝聚力，发挥整体优势。

3. 激励功能

在图书馆文化创造的尊重人、理解人、关心人的氛围中，激发全体成员的积极性和创造性，为实现图书馆的共同目标而团结拼搏。

4. 约束功能

通过图书馆文化带来的制度文化和道德规范，馆员们自觉接受文化的规范和约束，按照图书馆的价值观的指导进行自我管理和控制，使其符合图书馆的价值观念和发展需要。

5. 调解功能

图书馆文化能起到优化精简组织机构、简化管理过程的作用，也可以调节人际关系，形成良好的氛围。图书馆文化最终把图书馆的价值观作为引导图书馆发展的依据和衡量决策方案优劣的尺度。在图书馆文化的作用下，全体成员有共同的价值观、共同的语言，互相理解，互相信任，促进了彼此间的充分交流，在工作中形成良好的人际关系。

6. 塑造形象功能

优秀的图书馆总是向社会展示自己良好的管理风格、运行状况及积极的精神风貌，从而塑造图书馆形象，以赢得读者和社会的承认与信赖，从而更好地为社会服务。

7. 辐射功能

图书馆是社会的细胞，图书馆文化不仅在图书馆内部发挥着作用，对本馆员工产生影响，还通过图书馆为外界提供的服务以及与社会其他部门的往来关系等，把图书馆的优良作风、良好的精神风貌辐射到整个社会，对全社会的精神文明建设和社会风气的根本好转，产生积极的影响和促进作用。

上述图书馆文化的七个功能，在实际运行中不是单独表现出来的，而是综合地、整体地发挥着作用。

（四）图书馆理念

图书馆是为人准备的，所谓图书馆理念，最核心的理念是树立"以人为本"的服务理念，众所周知，图书馆的社会责任就是满足人民大众的文献信息需求。图书馆和馆员只有正确理解自身承担的社会责任，树立良好的事业理念，才能自觉地履行社会职责，全心全意地为读者服务，才能把最大限度地满足读者文献信息需求作为图书馆一切工作的出发点和归宿。因此，服务理念是对图书馆承担的社会责任、社会功能、服务宗旨和认识水平的体现。换言之，只有具有浓厚的服务理念的图书馆人，才能热爱图书馆事业，才能千方百计地提高服务质量，才能自觉地做好读者服务工作。

图书馆能不能发展、如何发展，从根本上来说，取决于表现在图书馆人身上的图书馆主体性意识的觉醒。数字图书馆馆员主体性意识的觉醒、数字图书馆的发展，最终需要图书馆人来完成。因此，图书馆人如何理解数字图书馆的发展，以什么样的服务理念推动图书馆服务的发展，推动图书馆向什么方向发展，就成了关系到图书馆的存在和未来状况的决定性因素。

信息技术和网络技术的迅猛发展及高科技在图书馆中的广泛应用，把新世纪的图书馆带入到网络化、数字化发展的崭新时期。未来图书馆将发生两个变化：从"有形"到"无形"的变化；从信息管理到知识管理的转变。这种变革，使图书馆面临新的考验，图书馆馆员必须重新审视自己，抓住契机，适应新环境、新时代。人文思想的起源可以追溯到古罗马的西塞罗，演变到中世纪以后逐渐成为一种精神，一种使人更富于人道的精神，体现为一种价值观、思想态度，它认为，人和人的价值是首要的，凡是尊重人、重视人、承认人的自由意志，为人的幸福而奋斗的态度，都可以说是体现了人文精神。在数字图书馆条件下，树立"以人为本"的服务理念，对于推动数字图书馆全面进步和发展，提高数字图书馆的服务功能，拓展数字图书馆的服务领域等都有着重要的作用和意义。

（五）"以人为本"理念产生的原因

1. 社会发展的需要

现代化的图书馆管理理念追求的是"以人为本"，从工业社会到信息社会再到知识经济时代，知识无所不包，可以说经济渗入知识，知识渗入经济，当然也融入了数字图书馆。如果数字图书馆依然坚持传统的服务模式，显然与时代潮流格格不入，这必然会促使图书馆走上倚重现代服务模式之路，对服务观念乃至服务方式进行改革和创新。

2. 时代发展的需要

服务是这个时代最大的竞争，未来社会将以服务作为博弈取胜的筹码。在21世纪，特别是中国加入WTO的时代背景下，各行政机关、公共部门在改革、开放、创新、发展的进程中，纷纷转向以服务公众为中心的改革。长期沿袭旧制度的权力机构均在树立"以人为本"的理念，它们尚且如此，那么，图书馆在前进的道路上，在服务社会的竞争中，也应该认识到，必须高度重视服务理念，千方百计地搞好服务。

3. 市场发展的需要

经济的高速发展让我们看到，"市场化"是一股不可抗拒的力量，而且带来了积极的巨大影响，如竞争机制的建立。企业家要保持企业在市场上的竞争力，就必须时时在运营中瞄准市场的变化，把握赢利的策略，以提高抗风险的能力，特别是要建立以消费者为导向的机制，为消费者提供最周到、便利、满意的服务。这使我们看到企业家们重视服务策略，以消费者为中心的兴业之道。这对图书馆乃至各行各业采取以服务为利器，面向广大读者和大众的方略，既树立了榜样，也是很好的借鉴。

4. 自身发展的需要

就图书馆本身而言，也理应高度重视服务。图书馆的发展日新月异，实现了电子化，取得了数字化、网络化成就之后，如何转化为造福社会大众的财富，如何转化为现实的社会生产力？这是图书馆人必须思考、不可回避的问题。图书馆素来靠资源优势求发展，赢得竞争，但更要靠自己特色的、相关行业不能企及的服务创新与服务优势来发展、提高竞争力。因此，图书馆必须重视服务理念。

正是这些原因使得"以人为本"的图书馆在现在和未来的开拓和发展中，应高度重视服务理念和服务品质的提升，搞好服务。在数字图书馆的现代发展中，我们既要注重技术化发展，也应当强调技术中人的主体性。

事实上，人文主义精神曾经是而且应当是图书馆发展的合理内核和终极目的。我国学者肖希明认为，"科学精神与人文精神是不能分离的，两种精神融合在一起，图书馆才能健康地向前发展"[①]，"在图书馆工作实践和理论研究中体现以人为本的思想，以满足人的需要，实现人的价值，追求人的发展，体现人文关怀，才是应有之举"。我们可以说，图书馆应当培育内在的人文精神，图书馆的服务理念要"以人为本"。[②] 要使传统的以信息、知识、藏书等为核心，转向以"人"为核心，以满足广大读者的需要为宗旨。同时，图书馆馆员自身也要提高人文素养，搞好服务，从而体现"读者是上帝"这一人文内涵。只有在现代图书馆的管理中充分发扬"以人为本"的现代化图书馆管理文化，提供全方位的阅读服务，才能满足现代快节奏、网络化社会对图书馆的要求。

---

① 肖希明.图书馆学研究进展[M].武汉：武汉大学出版社，2007.
② 肖希明.图书馆学研究进展[M].武汉：武汉大学出版社，2007.

二、现代图书馆文化管理的内涵

（一）图书馆文化管理

国内外学者从不同角度提出过自己的理解，但目前仍没有一致的看法。有人提出，图书馆文化管理就是把图书馆的软要素——文化作为图书馆管理的中心环节的一种现代图书馆管理方式。它从人的心理和行为特点入手，培养图书馆组织的共同价值和全体员工的共同情感，形成组织文化；从组织整体的存在和发展角度去研究和吸收各种管理方法，形成统一的管理风格；通过图书馆文化培育、管理文化模式的推进，激发馆员的自觉行为和内在积极性。

（二）文化管理是图书馆管理的高级阶段

图书馆文化是一种与图书馆共存的客观存在。当人们对它的存在没有意识，或者只意识到了它的存在而没有对其进行认真剖析、精心培育时，它只是处于图书馆管理者的视野之外，自发成长，缓慢发育，并自发地发挥作用；当人们在实践中逐渐意识到它的客观存在，并有意识地提倡和培育积极的图书馆文化，摒弃和抑制消极落后的文化，从而引导图书馆文化向健康的轨道发展，并使之渗透到管理当中时，图书馆文化就逐渐演变成一种新型管理模式——文化管理。

从管理的发展史看，管理模式大致经历了经验管理、科学管理和文化管理三个主要阶段。经验管理处于管理的初级阶段，注重管理者个人的经验、能力和水平，主要表现为"能人管理""拍脑袋决策"。科学管理是管理的中级阶段，注重管理手段、管理技术，强调制度化、法治化。科学管理把管理人员的注意力吸引到对工作流程的重视和对管理技术的重视上，把管理变成了烦琐的、形式主义的东西。文化管理作为一种新的管理模式，是管理的高级阶段，它建立在"人本管理"的基础之上，强调人是管理的出发点和归宿，坚持以人为中心，尊重人，信任人，把人放在管理的主体地位，主张以文化为根本手段进行管理，反对单纯的强制管理，注重图书馆愿景、精神对馆员的积极性、主动性、创造性的激发，强调文化认同和群体意识的作用。

传统的管理模式形成的形式主义倾向和物化主义倾向掩盖了管理的本质，使其丧失了精神而变得呆滞、片面。现代图书馆文化管理是通过建立一整套适应性文化体系，从而克服了管理手段、方法、技术的自相矛盾和互相抵制。价值观念的统一使得图书馆组织获得了方向和目标，从而表现为生机勃勃的有机体。

（三）人文精神是图书馆文化的精髓

自图书馆诞生以来，图书馆事业就与人类文化的发展息息相关，它始终关注着人类文化的保存和延续，是人类自身的发展和进步。这其中贯穿的就是图书馆固有的人文精神。作为人类精神载体的图书馆，在中国现代化建设的进程中，承载着开发人类文化资源的重任，必须以人文追求为己任。因此，人文精神是图书馆在运行过程中蕴含的承认、尊重和实现人的价值的精神，是图书馆文化的精髓。

对于图书馆人文精神的概念，有学者提出，是在图书馆工作实践的过程中体现的以人为本的思想，满足人的需要、关心人的命运、实现人的价值、追求人的发展、体现人文关怀、创造美与和谐作为图书馆活动的宗旨，核心是人文关怀。人文关怀的对象是读者或用户，是对读者和用户文化知识需求和精神心理的关注和关怀，为读者的文献信息需求提供保障，营造一种充满人性化的阅读学习环境。

图书馆人文精神也就是图书馆文化的具体体现。作为社会的一个文化部门，图书馆人文精神体现在图书馆的组织设施、功能之中，从根本上讲，体现在整个图书馆运行之中的图书馆馆员身上的那种重视人的尊严、实现人的价值的服务精神上。图书馆人文精神的实践有以下几点重要的意义：

1. 人文精神是社会进步的原动力

图书馆是社会需求的产物。随着社会的发展和人的自我意识的提高，人们的社会进化观已经从致力于物的发展转变为以人为中心的发展，强调人的发展是经济和社会发展的基础。人的发展是社会向现代化方向发展的基本动力和根本目的。在这种社会进化观的指导下，西方传统的人文主义精神重新为人们理解和重视，人自身的价值得到越来越多的尊重和关注，即人文精神。从这个方向来说，人文精神正是社会进步的原动力。现代图书馆继承和发扬这种精神是社会进步潮流对它的要求。

2. 发扬人文精神是图书馆实现价值的要求

图书馆的价值取向始终以提高整个社会的科学文化水平及思想道德素养为己任，推动社会进步是图书馆追求的社会目的。图书馆人把实现人类根本价值作为实现自身价值的基础，充分体现了人文精神的价值观正是图书馆价值观的核心。无论图书馆的管理方式、技术手段发展到什么样的程度，只要其价值观保持不变，其人文精神就不会消失。

3. 发扬人文精神是图书馆实现社会职能的手段

图书馆长期以来一直担负着保存人类文化遗产、开展社会教育、传递科学信息、开发智力资源、提供文化娱乐等社会职能。实现这些社会职能，依靠的不仅是政策和财政支持，关键的是图书馆人热爱人类文化事业，具有无私奉献的人文精神。所以，图书馆能够不断自觉地提高管理和服务水平，实现信息的有效组织、利用及增值，从而满足社会和读者的需求。现代图书馆的社会职能是随着时代的发展而变化的，但无论社会怎样发展变化，图书馆收藏、保存人类文化遗产的传统职能将依然存在，只不过是教育职能和信息服务职能得到进一步强化。因为新时期图书馆的职能把读者能否得到全面的个性化服务摆到了更重要的位置，同时也对馆员的素质和职业道德提出了更高的要求。另外，图书馆要与其他信息服务提供者竞争，不仅要有技术支持，人性化的服务也将参与竞争，因此，唤醒图书馆人文精神不仅是图书馆工作者工作态度的转变和图书馆职能的内在要求，也是图书馆的立馆之本。

三、构建图书馆制度文化

（一）制度的文化特征

制度作为一种人际交往的准则，源自人类的各种历史、社会、经济、政治、文化的活动。制度是人类在社会实践中创造的，而人类活动都要受到人的价值观、伦理道德、思想意识、风俗习惯的影响。没有文化的人类活动是不存在的，因此，没有文化内涵的制度也是不可能的。任何一种制度的产生和形成，无论是自发的还是设计的，都是某一历史时期文化的反映。制度的出现，只不过是将过去的和现在的、个别的和分散的各种文化予以集约化、秩序化和社会化，把人们公认的价值观、思想意识、道德信念用符号形式确定和表达，用以进一步满足人们的经济活动、政治活动、社会活动的需要。显然，文化是制度的主要特征。

同时，文化是一种社会交流和社会传递，它通过特别方式的约定被社会成员共同获得。这种获得共同文化的约定其实就是文化得以交流和传递的制度文化。当制度体现为规则时，它必须反映文化的价值、文化的精神、文化的理念。从某种角度讲，制度是文化的产物，它根植于文化的土壤之中。

（二）图书馆制度文化及特征

结合制度文化的概念，我们可以这样理解图书馆制度文化：图书馆制度文化是图书馆文化的一个组成部分，既是图书馆物质文化的工具，又是精神文化的产物，共同构成图书馆馆员行为与活动的准则。它包括图书馆的组织方式、管理方法和各项规章制度，它是塑造和延伸图书馆文化的有力手段和坚实保证。

图书馆制度文化是在图书馆长期实践中生成和发育起来的，以图书馆规范体系为载体的图书馆制度文化，是图书馆精神、价值观、思想意识在制度上的体现。它有如下特征：

1. 权威性特征

图书馆制度体系一旦建立，制度一经制定实行，就具有极大的权威性和严肃性，图书馆员工的行为规范和准则就明确下来，图书馆的一切活动和图书馆与其他社会组织的关系将限定在图书馆制度的范畴之中，而不能随意更改。制度是图书馆的内部"法规"，如果朝令夕改，不仅会使馆员无所适从，而且图书馆的运行、对外服务和秩序都将出现混乱。当然，制度的稳定性是相对而言的，因为图书馆的运行和图书馆面对的社会环境都在不断变化。为了适应时代、环境的变化，需要对图书馆的规范性规定进行适时的修改和创新，不然就会束缚图书馆的发展。

2. 中介性特征

图书馆制度文化是精神文化的反映和体现，同时它也是物质文化的工具。精神文化只有通过制度文化才能对物质文化发生作用，而物质文化只有通过制度文化才能反映对精神文化的反作用。在传统图书馆向现代图书馆的演变过程中，由于精神文明和技术发展，不断影响图书馆的办馆理念、价值体系和服务理念，从被动服务向主动服务转变，从阵地服务向社会服务转变。随着时间的推移，这些观念被图书馆人接受，形成图书馆的新价值观，从而影响图书馆的制度。制度文化既是适应图书馆物质文化的固有形式，又是塑造图书馆精神文化的主要机制和载体。正是制度文化的中介性和传递性体现出其在图书馆文化建设上的重要作用。

3. 规范性特征

图书馆的制度文化是强制性的。因为规章制度不同于图书馆的基本信念、价值观和行为规范——这些可以依靠人们的传统习惯、内心信念和社会舆论来维系。为实现图书馆的目标、使图书馆日常工作有序地顺利进行，对于员工的行为给予一定的限制是必要的。作为一种来自员工以外的、带有强制性的约束，图书馆制度是强而有力的。同时，图书馆的制度文化又是普遍性的。图书馆制度是图书馆全体员工共同的行为规范，规范着图书馆的每一个人。因此，图书馆制度必须反映群众的要求，制定时应充分听取群众的意见，在执行中依靠群众监督，自觉执行。

（三）图书馆制度文化的内容

图书馆制度文化作为一个复杂的体系，由若干个子系统构成。

1. 图书馆的领导制度与文化

领导制度是图书馆领导方式、领导结构的总称。图书馆领导制度受生产力和文化的双重制约，生产力水平的提高和文化的进步，都会产生与之相适应的领导体制。在图书馆制度文化中，领导体制影响着图书馆组织机构的运行，制约着图书馆管理的各个方面。图书馆领导制度是制度文化的核心内容，卓越的图书馆领导者应当善于建立统一、协调、通畅的图书馆制度文化。现在许多图书馆实行馆长负责制，但图书馆党组织仍是图书馆的核心。党组织在图书馆制度中应起到应有的作用，包括保证和监督党和国家的各项方针政策的落实；搞好图书馆思想政治建设、改进工作作风；支持馆长实现任期目标和服从图书馆正常运行的统一指挥等。

2.图书馆的组织机构与文化

组织机构是图书馆为了有效实现图书馆的目标而建立的图书馆内部各组成部分及其相互关系。组织机构不是一成不变的，它随着图书馆的社会环境的变化及社会对图书馆的要求而有所调整。不同的图书馆文化有着不同的组织机构，中西方图书馆的组织模式就各不相同，它们都是在适应各自社会文化中逐渐形成的。

3.图书馆的管理制度与文化

图书馆管理制度是图书馆为求得最大社会效益，在图书馆实践活动中制定的带有强制性义务，并能保障一定权利的各项规定和条例等。图书馆管理制度是实现图书馆目标的有力措施和手段，是图书馆健康发展的有力保障。优秀的图书馆文化的管理制度必然是科学的、完善的、实用的管理方式的体现。同时，图书馆管理制度也影响和制约着图书馆文化发展的总趋势，促进不同图书馆文化朝着个性化方向发展。

（四）构建图书馆制度文化的具体措施

有了完整的图书馆制度体系和科学的管理手段，只是建设制度文化的必要条件，图书馆还需要通过宣传、教育的手段让员工理解认识制度体系。这样才能构建制度文化的氛围。

1. 培育图书馆精神——制度文化的基础

制度文化与图书馆精神文化有着密切的关系，制度文化从属于图书馆精神文化，是精神文化的具体体现。将图书馆员工在图书馆实践中共同认同的价值观、思想意识、行为准则等制定出来，表达图书馆的价值取向和行为模式，就形成了制度。其实，制度本身来源于图书馆精神文化，图书馆精神文化又为制度文化的实现提供了精神支柱。因为，如果没有图书馆精神约束员工，图书馆就无法建立起共同的价值体系和道德规范，就不可能把制度自觉转化为行为准则。因此培育积极向上的图书馆精神，可以为制度文化的建设打好基础。

2. 宣传图书馆制度——制度文化的氛围

利用报纸、广播、电视、宣传栏、宣传册、展览、网页等形式对图书馆制度进行宣传，教育、引导馆员对制度理解、认同和接受。同时，图书馆可以通过会议、调查研究、知识竞赛、演讲活动、报告讲座等手段，进行双向交流，形成舆论和文化氛围。图书馆也可以效仿企业的 CI 标志设计理念，使图书馆制度文化更加形象具体。如设立图书馆的标准色、标准字、馆徽、馆歌、馆服等标识系统，都可以产生非强制性的引导和规范作用。现在许多图书馆都注重形象的建立，确立本馆有特色的 CI 系统，从而营造本馆的制度文化氛围。

3. 馆员的多重互动——制度文化的传递

馆员的互动是通过日常的人际交往实现的，其中虽不存在权力的制约因素，但对人们产生一定的心理影响，这包括图书馆员工与员工、员工与管理者、员工与读者之间的相互交流。新老馆员的交流过程就是价值观和行为方式的传递过程，也就是图书馆制度文化的传递过程。员工为读者服务的过程，也传递了图书馆制度文化的信息。如图书馆的服务理念、服务行为规范、图书馆员工的职业道德等，都可以通过馆员的服务态度、服务水平、服务行为表现出来。由于员工与读者的互动交往对员工产生社会性评价效果，员工就必须用图书馆制度约束自己的行为，产生好的社会服务效果。因此，馆员的多重互动是图书馆制度文化传递的主要方式。抓好此项工作对图书馆构建制度文化有极大的作用。

四、加强图书馆精神文化管理

（一）图书馆精神文化的含义

图书馆精神文化是图书馆在实践中，受一定的社会文化背景、意识形态影响而长期形成的一种精神成果和文化观念，是图书馆意识形态的总和。图书馆精神文化是相对于物质文化而提出的，是一种更深层次的文化现象，在整个图书馆文化系统中处于核心地位，是图书馆的上层建筑。

第一，图书馆精神文化是图书馆在长期实践中自觉培育形成的一种能够代表图书馆风格和形象的精神风貌，它集中体现了一个图书馆独特的、鲜明的、具有时代特征的办馆思想和个性，是图书馆在成长和发展过程中，对各方面工作、实践经验的高度概括和科学总结。

第二，图书馆精神文化是图书馆文化的重要组成部分，是图书馆文化的精髓和核心。它不可避免地受到图书馆文化的影响和制约。

第三，图书馆精神文化的建立就意味着一个图书馆有着一致的价值观念，意味着图书馆员工的思想统一。图书馆员工能够在图书馆精神文化的指引下不畏艰险、努力前行，朝着实现共同的目标奋斗。

第四，图书馆精神文化的核心是图书馆精神。它是图书馆管理实践的总结，包括图书馆目标、馆员的价值观念、道德规范、行为准则，是激励和约束员工行为的无形力量。

第五，图书馆精神文化是以精神现象为载体的观念文化，反映了图书馆群体的理想和目标，显示了图书馆的发展方向和服务宗旨。

在界定图书馆精神文化时，我们不能把图书馆精神文化等同于图书馆文化，把图书馆精神等同于图书馆精神文化。图书馆精神文化是图书馆文化的一个重要组成部分，或者说是对图书馆文化主体意识的高度概括。图书馆精神文化是指以图书馆在长期实践中形成的精神现象为载体的所有文化现象，图书馆精神只是图书馆精神文化的一个重要组成部分。这三个概念属于从属关系，即图书馆精神是图书馆精神文化的重要组成部分，而图书馆精神文化又是图书馆文化的重要方面。

（二）图书馆精神文化的内容

图书馆精神文化的内容十分丰富，包括图书馆哲学、图书馆价值观、图书馆精神、图书馆道德、图书馆礼仪、图书馆形象、图书馆风尚等无形的意识形态及与之相应的文化结构。

1. 图书馆哲学

图书馆哲学是图书馆在创造物质财富和精神财富的实践活动中，从管理的内在规律出发，通过对世界观和方法论的概括性研究和总结，揭示的图书馆本质和图书馆辩证发展的观念体系。从图书馆管理史上看，图书馆哲学经历了"以物为中心"到"以人为中心"的演变过程。最初的图书馆工作是以对文献的整理加工作为主要内容，因此图书馆哲学主要针对这种劳动形式产生。行为科学理论使理性主义图书馆哲学向人本主义方向转化，注重人和人的行为对图书馆的作用，形成了科学的人文主义图书馆哲学。从而，以人为本、以文化为手段激发馆员自觉性的人文主义哲学成为现代图书馆哲学的主流思想。

2. 图书馆价值观

由于文化是人类的生活方式，而只有有益的、有价值的生活方式才可能在群体中反复出现，价值在文化中居于核心地位。同时，图书馆价值观在图书馆文化中也起着关键的作用。可以说，图书馆文化的所有内容都是在图书馆价值观的基础上产生的，是图书馆价值观在不同领域的体现或具体化。

3. 图书馆精神

图书馆精神是图书馆群体的共同心理定式和价值取向，它是图书馆哲学、价值观、道德观的综合体现和高度概括，反映了全体馆员的共同认识和追求。图书馆精神是图书馆文化的重要表现形式，包括图书馆坚定地追求目标、强烈的团体意识、正确的服务原则、鲜明的社会责任感、科学的价值观和方法论。

4. 图书馆道德

图书馆道德是图书馆哲学和图书馆价值的一种反映形式，它不具有法律的强制性约束力，但具有积极的示范效应和强烈的感染力。图书馆道德是通过影响员工的思想观念，树立明确的是非观念，从而形成员工的自觉行为。良好的图书馆道德规范有助于维护图书馆内部的服务秩序和安定和谐的人际关系，提高员工的劳动积极性，对整个社会的道德规范也有良好的影响。

5. 图书馆礼仪

图书馆礼仪是图书馆员工关于图书馆礼仪的观念及其行为方式的总和，也是日常例行事务的一种固定模式。如馆员与读者沟通的方式、服务态度、衣着语言、仪式和典礼等就是图书馆礼仪的具体表现，它表征着图书馆的价值观和道德要求，塑造着图书馆形象。同时，馆员与读者在礼仪文化的氛围中受到熏陶，使读者自觉调整个人行为，使馆员增强为图书馆事业献身的意识。

6. 图书馆形象

图书馆形象是图书馆文化的综合反映和外部表现，是社会大众和图书馆员工对图书馆的整体印象与评价。图书馆形象通过员工的形象、服务的形象和环境的形象来体现。良好的图书馆形象对内可以产生强烈的凝聚力、向心力和感召力，对外可以使广大读者对图书馆产生良好的信任感。

7. 图书馆风尚

图书馆风尚是图书馆馆员相互之间的关系表现出来的行为特点。它是图书馆员工的愿望、情感、传统、习惯等心理和道德观念的表现，是受图书馆精神和图书馆道德的制约和影响而形成的，是图书馆文化的综合体现，是构成图书馆形象的主要因素。

图书馆哲学、图书馆价值观、图书馆精神、图书馆道德、图书馆礼仪、图书馆形象和图书馆风尚是图书馆精神文化的重要内容，它们相辅相成、互相促进。其中，图书馆哲学是微观的世界观和方法论，图书馆价值观是核心，图书馆精神是灵魂，图书馆道德、风尚是规范，图书馆礼仪、形象是表现氛围，这些要素共同构成一个有机的整体。

（三）现代图书馆精神的培育

1. 图书馆价值观的培育

图书馆价值观不是仅仅存在于少数领导者头脑中的理想，它必须为图书馆员工群体自觉接受，才可能变成和图书馆共同目标一致的认识。共同价值观的确立，不是自发作用的结果，它从图书馆明确提出到员工普遍认同，再到自觉执行，需要经过长期精心的培养。

（1）社会主义制度决定了图书馆的根本性质，所以，图书馆必须坚持社会主义方向，为社会主义革命、建设、改革服务。这是我国图书馆事业发展的根本点。图书馆价值观就是社会主义价值观在图书馆事业中的具体反映。

（2）社会主义图书馆担负着为物质文明、精神文明、政治文明建设服务的多重任务。为三个文明建设服务是图书馆服务的根本任务。只有通过有高度社会主义觉悟的人，才能创造出高质量的符合人民群众需要的优质服务产品，才能在人类文明建设中发挥图书馆应有的作用。所以，图书馆必须注重把员工培养成为有理想、有道德、有文化、有纪律的一代社会主义人才，他们才能自觉地以主人翁的姿态努力服务人民。

（3）一般来说，具有一定历史的图书馆，其价值观是客观存在的，但往往这种观念不易被人发现。因此，它在图书馆发展中的地位和作用也常被人忽视。确认现有图书馆价值观是塑造图书馆价值观的第一步。在确认和进一步培育图书馆价值观时应注意：要根据图书馆的规模、类型、员工素质和服务特色选择适当的价值标准；价值观要有超前性，以体现图书馆未来发展目标；图书馆价值观是一个动态体系，要随着社会环境及图书馆内在因素的变化而不断注入新内容，切实保证图书馆价值观在内容和形式上与时代发展相符。

2. 图书馆道德的培育

塑造图书馆道德体系是一项长期而艰巨的任务。主要从以下几方面进行建设：首先，要努力塑造良好的图书馆社会形象。形象是图书馆道德水准的集中表现形式。在塑造图书馆形象时应坚持读者至上，服务第一，把诚信作为图书馆的信念贯穿于一切服务之中，为图书馆打下社会信任的基础。其次，图书馆领导者应努力塑造人格力量。一个能干的领导者，要想得到员工的尊重和信赖，就必须树立人格形象，从而引导员工的道德行为，激励员工的道德信念，感染员工的道德情操。最后，努力塑造一支具有高尚道德水平的员工队伍。道德是靠社会舆论、人们的观念、习惯、传统及教育的力量来维系的，道德建设是馆员的自我改造和自我锻炼的过程。因此，图书馆在进行道德教育时，应发动群众，通过广泛的研讨、辩论、总结经验教训，使馆员认识到道德规范在实践中的作用，使道德成为约束自我的准则和行为指南。

3. 图书馆精神的培育

图书馆精神包括爱国爱民的民族精神、共建共享的开放精神、爱岗敬业的奉献精神、求真务实的科学精神、宽宏博大的理性精神以及不断进取的创新精神等。图书馆精神不是自发形成的，它的确立和发展，是一个自觉提倡和培育的过程。

（1）图书馆应树立榜样，因为图书馆精神只有人格化，才能具体化、实在化。图书馆精神人格化的榜样包括优秀的图书馆领导者和先进的模范人物。优秀领导者和先进模范人物体现的图书馆精神，可以成为正确舆论的先导，促使馆员观念的更新，强化对图书馆精神的认同感；榜样的崇高情操会对其他馆员产生感染，发生情感上的共鸣，从而形成积极向上的氛围；先进人物的行为会使其他馆员产生模仿效应，久而久之，使全馆人员养成良好的行为习惯。因此，图书馆领导者和先进模范人物的示范作用可以推动和培育图书馆精神。

（2）思想教育是培育图书馆精神的最有效方法之一。思想教育工作是人们以马克思列宁主义、毛泽东思想、邓小平理论、'三个代表'重要思想、科学发展观、习近平新时代中国特色社会主义思想为指导，通过党的基本路线、爱国主义、集体主义和社会主义教育，遵纪守法和职业道德教育，帮助馆员树立正确的思想、信念和价值观，强化员工工作责任感，引导员工以主人翁的姿态投入到图书馆实践中去。

（3）陶冶感化也是宣扬图书馆精神的有效手段。在活动中熏陶员工的群体意识和情操，可以把知识性、趣味性、竞争性和思想性融为一体。员工喜闻乐见，愿意参加，从而达到教育效果。同时图书馆也可以通过馆容、馆貌、馆徽等有形的东西影响和激励馆员，在潜移默化中使其受到图书馆精神的感化和教育。

（4）在培育图书馆精神过程中，不能忽视图书馆馆员的心理作用。图书馆馆员心理和图书馆精神互相渗透、互相制约、互相转化、互相影响。培育图书馆精神有助于图书馆馆员心理健康，良好的图书馆馆员心理又能促进图书馆精神的弘扬。

因此，重视图书馆馆员心理健康，对图书馆精神的培育有着重要的作用。

4.图书馆形象的培育

图书馆形象是多层次多层面的体系，包括图书馆外部形象、图书馆管理者形象、图书馆员工形象、图书馆服务形象和图书馆技术形象、图书馆公共关系形象等。树立图书馆良好的社会形象主要从以下几方面做好工作：

（1）要增强领导和馆员塑造图书馆良好形象的自觉性。在社会体系中，图书馆是公益性服务行业，树立良好的图书馆形象需要从图书馆服务做起，提高服务质量，创造服务品牌。同时，大力开展图书馆形象教育，把树立图书馆良好形象作为馆员的工作职责，增强员工的使命感和事业心，使馆员在服务中创出佳绩。

（2）开展优质多元的图书馆服务，满足社会的文化需求。现代图书馆已经突破传统图书馆的桎梏，图书馆在社会发展中的作用越来越大，图书馆的功能也不断拓展。图书馆除了开展最基本的借还服务，为了满足社会的需求，还开展了信息服务、网络服务、教育服务及文化推广服务。图书馆应在提供多元文化服务的基础上，以品牌服务提升图书馆服务效应，树立良好的图书馆形象。

（3）加快图书馆现代化建设，提高图书馆服务的技术含量。随着信息社会的来临，计算机网络技术的普及，图书馆也进入了数字化时代。图书馆要在信息社会立于不败之地，就必须用先进的技术手段和丰富的信息资源作为后盾。加快图书馆现代化建设是时代的要求、社会的需要。

（4）建设优美的图书馆环境，注重图书馆文化内涵。图书馆优美环境是图书馆形象的构成要素之一，同时也是图书馆形象的载体之一。读者在环境优美、井然有序、服务热情的图书馆中阅览书籍，必然对图书馆产生一份热爱和愉悦。同时，图书馆的社会形象也会建立起来。图书馆不能仅满足于窗明几净、书架整齐、馆员热情这一层面，还应建立起管理创新机制。图书馆应注重在管理观念、管理模式、管理手段上大胆探索，引入现代企业管理的CI设计理念，创立一套体现本馆特性、易于读者接受的统一识别系统，如理念识别系统、行为识别系统、视觉识别系统等。

（5）营造浓郁的图书馆文化氛围，为树立图书馆形象奠定基础。图书馆文化是渗透于图书馆各个方面、推动图书馆发展的内在动力。营造一个健康向上的图书馆文化氛围，是图书馆整体形象的一个重要组成部分。图书馆文化建设要体现以人为本的精神，尊重人的尊严，满足人的需求，实现人的价值。在管理过程中对图书馆馆员进行图书馆文化教育，使其个人目标与图书馆目标统一起来，从而形成图书馆特有的文化氛围，凸显图书馆的整体形象。

第二章　图书馆的核心业务与服务

第一节　馆藏建设

一、文献与馆藏

国际标准化组织《文献情报术语国际标准（草案）》（ISO／DIS5217）对文献的定义是："存贮、检索、利用或传递记录信息过程中，可作为一个单元处理的，在载体内、载体上或依附载体而存贮信息或数据的载体。"我国1983年颁布的国家标准《文献著录总则》（GB3792.1—83）定义是："文献是记录有知识的一切载体。"

图书馆的馆藏是图书馆依据各自的目标、任务，通过科学采访、维护，长期积累而形成的本馆文献资源体系。它是图书馆开展服务的重要基础。馆藏的数量和质量，是影响图书馆服务工作质量的重要因素。

二、馆藏建设的目的

馆藏建设是图书馆的基础工作。馆藏建设的目的是在不断增长和不断更新的过程中，维持一个高质量的、高效用的文献资源体系，最大限度地满足读者的需求。

三、公共图书馆的文献类馆藏

现代公共图书馆的文献类馆藏可以从不同角度划分为不同类型，但公共图书馆馆藏建设的决策经常考虑的类型是按载体或出版形式划分的形式结构，以及按读者需求划分的内容结构。

四、公共图书馆的非文献类馆藏

公共图书馆具有最广泛的用户群体，从人的年龄上涵盖了从婴幼儿到老年的所有年龄段。从婴幼儿的认知和心理特点出发，玩具是这个年龄段最好的"阅读"对象。此外，其他反映人类文明或地方文化的实物也可能成为图书馆的馆藏。这部分馆藏就构成了公共图书馆的非文献类馆藏。

五、公共图书馆服务可利用的非馆藏文献

计算机技术和网络技术的发展给传统的文献出版与发行方式带来了深刻的变革，产生了大量在世界范围内可自由存取的网络文献资源。这类文献不仅数量庞大，而且种类繁多、内容庞杂，且处于无序状态。图书馆通过虚拟链接等信息导航方式引导读者利用网络文献信息，相当于延伸了本馆的馆藏体系，也使网络文献成为图书馆非馆藏类文献的主体。此外，图书馆临时征集的用于展览的文献，如书画作品、专题文献、各类实物展品等也构成图书馆非馆藏类文献的一部分，成为当地民众获取更多知识信息的一个途径。

第二节 文献加工

一、文献加工整理的目的

图书馆馆员经过对社会文献的筛选,建立了与用户需求相适应的馆藏体系,但如何保障对馆藏文献信息的有效查询仍然是一个需要解决的问题。为此,图书馆需要对入藏的文献进行一系列加工。

二、文献加工整理的方法

(一)分类

分类方法是指图书馆职业对人类知识体系进行系统划分,并根据由此建立的知识体系和其他原则,分类具体作品及文献的方法。分类方法的作用是多方面的,它既可以用来排列组织实体文献,也可以用来组织网上虚拟文献,是编制分类目录和各种书目的依据,也可以供图书馆进行分类统计、书目推荐和文献查询等。

(二)标引

标引是对文献的内容进行分析,并依据一定的规则用情报检索语言将文献的学科和主题内容揭示出来的方法,是对文献内容的描述。图书馆职业主要采用各类情报检索语言(如分类语言、标题语言、叙词语言、本体等)标引文献的内容。

（三）文献编目

文献编目是通过对每份入藏文献进行主题内容和实体描述（著录），形成揭示和报道馆藏文献的工具（即图书馆目录）的过程。通过对文献主题内容和文献实体特征的描述，为用户提供检索、确认和获取文献的途径。目前，许多图书馆都采用了计算机编目，形成联机公共目录。早期的计算机编目主要针对纸质文献，随着网络技术的发展和数字化文献的增长，计算机编目技术和标准也在发生深刻变革。

（四）文献实体加工

对文献实体的加工，主要是指对图书馆入藏的每一件实体文献进行馆藏标识确认（加盖藏书章）、排架位置确认（贴上书标——索书号）和唯一性确认（贴条形码）等的实施过程。

三、文献加工整理的结果

图书馆的文献，经过分类、标引、编目和加工整理后，产生两大结果：一是实现文献的有序集合，二是形成图书馆目录及其他书目工具。

第三节　文献提供

一、文献提供的目的

文献提供服务是图书馆最基本的服务，其目的是保证用户能方便高效地获取所需知识与信息。

二、文献提供的方式

（一）外借

外借就是允许注册用户（或称持证用户）通过一定的手续，在规定的时间内将一定数量的文献带到馆外使用的一种服务方式。为满足用户的不同需求，保障最有效的知识与信息获取，一个图书馆可同时采用多种形式的外借服务方式：个人外借、集体外借、馆际互借、预约外借、自助外借。外借量反映一个图书馆的基本业务量。

（二）阅览

阅览服务是图书馆向注册或非注册用户提供文献和空间以便他们能在馆内使用文献的服务。公共图书馆的阅览服务是一种非常重要的文献提供方式。公共图书馆的阅览服务应该免证，即任何人都可以自由进出图书馆的大门，随意翻阅图书报刊。

（三）送书上门

送书上门是图书馆通过图书流动车、邮寄或专人递送等方式为不能亲自到馆的用户（如偏远用户、残障用户、老年用户、医院用户、监狱用户）提供文献的服务。公共图书馆是向所有社会成员提供服务的唯一图书馆类型，因此，上门服务是公共图书馆重要的文献提供形式。

（四）文献传递服务

文献传递服务通常是图书馆根据其用户对特定文献的需求，从其他图书馆或商业性文献资料供应机构获取文献，然后直接提供给需求者的一种服务。

传统的文献传递服务主要通过实体文献的馆际互借方式来实现,当前的文献传递服务多依赖网上传输。

第四节　信息服务

一、信息服务的目的

信息服务是指图书馆开展的包括信息开发、参考咨询和情报服务在内的深层次的服务。参考咨询是信息服务的一种形式,即对提供问题解答的服务。图书馆开展参考咨询和信息服务,是实现其信息保障使命、支持民众参与民主决策和社会生活的重要途径。

二、公共图书馆信息服务的重点领域

公共图书馆信息服务按其服务对象可分成两大类：一是面向个体的大众信息服务,二是面向组织的课题式信息服务。面向个体的大众信息服务是公共图书馆信息服务的重点领域。

三、信息服务的形式

（一）馆内咨询

图书馆通过在馆内设置咨询服务台的形式开展咨询解答服务,例如帮助用户查找和确定馆藏资料的位置；帮助用户解释查到的资料；利用参考馆藏和网上资源解答用户提出的问题；对图书馆无法解答的复杂问题,将用户指向能解答其问题的其他机构,如政府相关部门、专业协会或组织、商业信息机构。

（二）电话与网络咨询

图书馆通过设立电话咨询专线和网络咨询台的形式，解答不能到馆咨询的用户提出的咨询问题。

（三）联合参考咨询

联合参考咨询是指图书馆与图书馆之间利用各自的人才优势和资源优势合作开展参考咨询的服务形式。互联网使这种服务真正成为可能。

（四）信息陈列

图书馆为其他机构的信息产品提供陈列空间，并对这些信息进行一定程度的管理，方便人们获取和有效利用。如图书馆开辟政府信息查询点，搜集陈列地方政府各部门的发展规划、重大项目建设方案、各种法令、法规、政策文件等提供利用；陈列和提供其他公共服务机构或公益性组织编辑的有关其职能和服务的信息产品（如宣传册等）。

（五）定题服务

针对用户所委托的特定课题，通过检索该主题已经公开出版的文献并进行综述性研究，提供个性化的分析报告（包括数据统计、发展趋势等），为用户决策提供可直接参考的情报服务。定题服务按服务内容和形式可细分为：科技查新服务、市场分析服务、媒体监测服务、竞争情报服务等。

（六）信息推送

针对特定的用户群体所关注或感兴趣的某一主题或某一领域，通过信息摘编等形式定期通报最新信息的一种信息服务方式。是一种跟踪服务方式，要求提供的信息具有新颖性和及时性。

第五节　读者活动

一、公共图书馆开展读者活动的目的

公共图书馆的读者活动是指公共图书馆在其服务的社区中开展的除文献提供和信息服务之外的其他活动，如阅读促进活动和社区活动等。开展读者活动一方面是为了倡导阅读行为，宣传图书馆的资源与服务，让更多的人成为图书馆的用户。另一方面是为了丰富社区成员的文化生活，使社区成员能够在非正式场合下进行交流，帮助他们融入社区生活，也使图书馆成为社区中心，成为"社区的第二起居室"。公共图书馆的读者活动与其文化传播与促进社会和谐两项使命密切相关。

二、公共图书馆读者活动的类型

（一）阅读促进活动

阅读促进是图书馆为培养和推广阅读兴趣，提高社会阅读量而策划和开展的图书宣传及提供活动，以培养阅读兴趣为旨归。公共图书馆的阅读促进活动通常针对不同的年龄特点和需求来设计，特别重视儿童的早期阅读。

（二）社区活动

社区活动是指图书馆为辖区成员组织开展的并不一定是与文献资料的利用直接相关的各类文化活动，包括各类培训（手工、烹饪、体操、摄影等）、讲座、展览、表演、合唱、吟诵等，也为社团的自发活动提供活动场所。图书馆开展社区活动，旨在促进社区成员间的交流，形成社区归属感，帮助形成和支持社区的文化特色。

（三）特殊需求服务

特殊需求服务指图书馆为少数特殊人群，如残障者、少数民族、移民和外来务工者等的文化信息需求提供的特别服务。公共图书馆的宗旨是为所有的社会成员服务，因此，其服务也应当覆盖上述各类人群，根据他们的特殊需求提供有针对性的服务。

第六节　讲座与培训

一、公共图书馆开展讲座与培训的目的

相对于图书馆开展的大部分个体服务方式，讲座与培训是图书馆开展的群体服务方式。培训与讲座是图书馆完成其教育使命文化传播使命的重要途径。同时，由于培训和讲座是一种群体服务方式，可以提高图书馆的服务效率。

二、公共图书馆的讲座

讲座是以演讲方式面对面向公众传授知识并开展互动的活动。公共图书馆的讲座大多是公益性的，旨在帮助用户拓展视野，获取知识，丰富文化生活。讲座涉及的领域可以相当广泛，凡是大众感兴趣的主题都可以成为公共图书馆讲座的内容。

三、公共图书馆的培训

公共图书馆开展的培训有多种性质和多种形式，如专业业务培训、用户培训、社会培训和社区活动培训等。其中图书馆的用户培训属于公益性的，目的是提高用户的信息素养，帮助用户有效利用图书馆的资源和服务。

第三章　图书馆读者服务

图书馆业务工作体系，一般可以分为藏书工作体系和读者服务工作体系两个方面。藏书工作体系主要包括文献收集、整理和收藏、保管等方面的基础性工作；读者服务工作体系主要包括文献流通、参考咨询、文献检索、信息服务和宣传导读；读者组织、读者研究等方面的研究性、服务性工作。从图书馆工作的全局看，藏书工作和读者服务工作是相互联系、互为条件、彼此促进、相辅相成的关系。随着图书馆事业的不断发展、文献载体的多样化及图书馆的数字化，图书馆的全部工作已开始转向以读者工作为重心、全面围绕读者的合理需求组织图书馆工作的发展阶段。

图书馆读者服务工作是指图书馆利用其文献信息及其他条件，通过组织研究藏书、研究读者和研究服务，帮助读者利用馆藏文献并从中获得知识、掌握信息，从而实现图书馆工作社会价值的一种专业工作活动。图书馆读者服务工作的宗旨和中心为用户提供最好的服务，而为读者服务的最基本原则是：服务方式快速、有效；服务态度友好、专业；服务内容可靠、持续；所有的服务要求都要给予响应；服务面向所有人。图书馆读者服务工作是图书馆工作的外在表现形式，是图书馆社会价值和最终目标的体现，也是图书馆最具活力的工作。从图书馆工作的出发点和归宿分析，图书馆读者服务工作的所有活动都是围绕读者进行的，都是为读者服务的。

现代图书馆是一个为社会大众提供文献信息服务的公益性机构，广大读者是图书馆的生存基础。长期以来，图书馆在社会公众心目中的形象总是高高在上，只有知识分子才会利用图书馆，普通民众与图书馆之间的距离显得十分遥远。图书馆也往往自认为是一个文化机构，而忽视了图书馆同时也是一个服务机构，肩负着为最广大的人民群众提供基础服务的任务。图书馆事业要发展，就必须牢固地树立起服务是灵魂，服务是核心，服务是基础，服务是一切工作的出发点的价值观和理念，并依据这一价值观和理念来调整完善并创新我们的管理体制和服务方式。本章主要介绍读者服务工作的内容、方法、发展趋势及其在图书馆工作中的地位和作用。

第一节 读者服务工作的内容与方法

图书馆是一座知识宝殿，它收藏着古今中外多种学科、多种语言、多种载体的文献。为了使读者更好地了解图书馆的服务工作体系和内容，特做如下介绍。

一、文献借阅服务

借阅服务是图书馆的主要服务内容，是图书馆工作的前哨，借阅服务质量的高低直接反映了图书馆的工作水平。

（一）外借服务

外借服务是指图书馆将部分文献让读者借出馆外，满足他们馆外阅读的一种服务方式。读者根据自己的需要挑选文献，借到的文献应妥善保管并充分利用，在规定的期限内归还，而后还可以借阅另外一些书刊。外借服务是图书馆的一项基本服务内容,也是图书馆最经常、最大量的服务工作,它是读者利用图书馆中各种文献的主要渠道,也是文献传播的主要窗口。

(二)文献阅览服务

阅览服务是图书馆的一项重要的服务内容,是图书馆工作前哨之一,是读者利用书刊资料进行学习和科学研究的重要形式。大力开展阅览服务,可以提高馆藏文献利用率;同时在阅览室中,读者还可以得到工作人员的辅导或其他形式的帮助。同其他服务相比,阅览室具有服务读者的如下特定功能。

1. 环境良好

阅览室有适宜读者学习、研究的良好条件:宽敞的空间、舒适的桌椅、精良的设置、明亮的光线、整洁的环境、安静的气氛。因此,在众多供选择的学习场所中,阅览室最受读者欢迎。

2. 文献丰富

阅览室配备有种类齐全、内容丰富新颖、使用价值较高的各种书刊资料,包括不外借的文献资料,如期刊、报纸、工具书、二次文献、特种文献等,这些文献都优先提供阅览室,供读者阅读参考。

3. 方便使用

读者可以直接利用阅览室内大量的书刊文献,按专业、课题需要,自由选择特定知识信息阅读参考。读者除利用书刊外,还可利用馆内特殊设备,如计算机设备、显微设备、视听设备、复制设备等,阅读电子期刊、缩微文献,及复制所需的知识信息。因此,无论对自学读者、研究读者、咨询读者,图书馆都可提供极为方便的阅读参考条件。

4. 精心辅导

读者在阅览室阅读学习的时间多、周期长,有的读者甚至长期连续利用阅览室学习研究，馆员接触读者的机会多，便于系统观察了解读者的阅读需要、阅读倾向、阅读效果，便于有针对性地进行推荐文献、指导阅读、参考咨询等服务。

二、参考咨询服务

图书馆的参考咨询服务始于19世纪晚期的美国，当时美国工业高速发展，经济实力增强，巨大的社会和经济活动促使教育向更大众化发展，而科学研究和大学教育的发展，迫切需要图书馆为读者提供帮助，由此促使了图书馆参考咨询服务的产生。1876年美国参考工作之父缪尔·格林（Samuel Swett Green）发表了有关图书馆参考咨询服务的文章《图书馆与读者之间的人际关系》，首次提出了图书馆参考咨询服务理论。他在美国图书馆协会年会上的发言明确指出，图书馆应帮助读者学会如何利用图书馆。但在当时他的理论并没有被社会所接受。直到10年后"参考咨询"一词才流行起来，格林的文章使"参考咨询服务"的概念广泛流传。所以直到现在图书馆界还是认为，参考咨询服务维持了"图书馆和读者之间的个别联系"。咨询馆员发挥四个基本作用：一是教育读者如何使用图书馆。二是帮助读者查找资料。三是回答读者的疑问。四是提升图书馆在服务群体中的形象，指导读者如何利用图书馆。

参考咨询是图书馆帮助读者检索文献和搜求信息的服务方式，图书馆参考咨询人员针对读者提出的疑难问题，利用参考工具、检索文献及有关书刊，帮助查寻或直接提供有关文献及文献知识、文献线索，通过个别解答的方式为读者服务。

参考咨询服务的类型按读者所提问题的性质可分为事实性咨询、方法性咨询与专题性咨询三种类型。参考咨询服务的实质是直接或间接地帮助读者解决对所需文献或某一方面知识了解不足、掌握不全面的困难。读者在科研、教学、学习、生产或工作中，往往会遇到一些与利用文献有关的疑难问题，出现这种情况的原因有：一是从浩如烟海的文献中，迅速准确地查到某种符合特定需要的事实或资料是很不容易的。二是很多问题往往要通过查检工具书去解决，而工具书的使用并不是每个读者都十分熟悉的。所以，借助图书馆把自己的需要与某种情报源联系起来，得到文献的提供或参考答案，对于读者来说是非常必要的。所以，参考咨询服务是图书馆一项不可缺少的服务形式。

三、新媒体下的参考咨询服务特色

在新媒体环境下，图书馆参考咨询服务呈现以下新特点：

（一）信息资源的电子化

参考信息源是参考咨询服务的物质基础，出色的参考咨询服务必须依赖丰富的信息源。传统的参考咨询信息源主要局限于各种馆藏文献，而网络环境则突破了"馆藏"的物理空间转向无围墙的全球性的"虚拟图书馆"，除了传统的文献信息源外，大多数图书馆还充分利用检索速度更快、更方便的馆藏电子工具书、书目信息数据库和其他光盘数据库、网络数据库。互联网（Internet）不仅是世界最大的信息资源中心，而且所提供的现代化检索技术能以比手工检索快无数倍的速度提供信息资源。这些资源包括电子出版物、专题数据库、书目数据库、网络资源指南、网络检索工具、图书馆联机公用目录、联机数据库等等。可以说，网上电子化的信息资源将会成为咨询服务最重要信息源之一。现代参考咨询服务的开展是以各种印刷型信息资源的数字化和电子信息资源的有效组织为基础的。

（二）服务对象的社会化

随着网络技术的发展，信息不再仅仅是技术研究人员的特殊需求，而是各行各业人员从事实际工作所必须掌握的东西，甚至还是每一个社会成员生活的必需品。参考咨询不再限于本馆读者，而是面向全社会，主动地为社会各界提供信息服务，参考咨询对象逐步社会化。政府机关、科研机构及企事业单位需要决策咨询服务，科研单位与研究人员需要科学咨询服务，公司、企业、商贸团体需要社会经济动态信息咨询，普通民众需要与其工作生活密切相关的信息咨询。

（三）服务职能的综合化

21世纪图书馆的参考咨询服务，既要搞好传统服务——解答读者在查找和利用文献信息过程中遇到的问题和疑难，又要开展多媒体资料阅读、网络信息传递、情报检索、情报编译、定题跟踪、回溯检索、课题查新，编制二、三次文献及读者导读、用户培训，开设文献检索课，帮助用户建立自己的信息资源库，为用户信息上网提供咨询，协助用户建立自己的网页等多种服务。当今，技术辅导、考研信息咨询也是网络环境下图书馆不可忽视的一项工作。同时，检索的重点将由整体的图书向文章的段落甚至单个句子转移，对网络书刊的利用将由传统择册择期过渡到网络择目择篇择全文。咨询馆员还必须在有限、无序的网络信息中筛选、整理出用户所需要的内容。既要解释电子式检索的各个步骤，又要辅助用户构建检索式，与用户一起检索各种不同电子资源的选择方案。

（四）服务范围的远程化

网络环境下图书馆咨询服务向众多图书馆间、国际间远程数字化合作发展。通过远程合作咨询服务将全球图书馆结为一个整体，整个图书馆网络间不仅文献信息资源可以共享，各图书馆咨询馆员的知识智慧、成功咨询案例、各类课题调研成果等均成为共享资源。信息咨询服务不再是以单个图书馆为中心，而是在大图书馆的整体运作下进行远程合作服务。

四、学科服务

随着信息化社会中知识概念的逐渐明晰，高校图书馆服务于读者已不仅仅依赖于先进的计算机网络技术和丰富的文献信息资源，不再过分强调"拥有"，而是更凸现专业化与学科特色服务，更多强调对资源的"获取"，图书馆服务观念了发生重大的转变。为适应社会的需求，学科馆员和图情教授的培养和聘用显得十分重要。

高校图书馆为了加强图书馆与各院系的联系，建立通畅的"需求"与"保障"渠道，帮助教师、学生充分利用图书馆的资源，开始建立学科馆员制度。学科馆员的职责有：一是主动与对口院系的教师和资料室联系，了解教师对书刊、电子资源的需求。二是熟悉本馆以及国内外对口学科的文献信息源情况，掌握其使用方法。三是负责试用、评价对口学科的电子资源，为教师有效利用这些资源提供技术支持。四是及时通告图书馆的新资源、新服务，定期编写、更新相关学科的读者参考资料，包括利用图书馆的主体指南和新资源使用指南等。五是适时开展问卷调查或召开座谈会，征求对口院系对图书馆资源建设和服务的意见与要求。六是按学科进行电子资源的整合与链接，定期在网上发布新文献信息，负责收集、鉴别和整理相关学科的网络信息资源,并在图书馆主页上按学科大类建立学科网络导航。七是开展定期自选服务和其他各类咨询服务,详细了解学术带头人、知名教授及博士点的科研课题,主攻一两个课题,主动为研究项目提供情报咨询。八是不定期的为对口院系的教师、研究生提供利用图书馆的指导和培训,即提供图书资源的讲座,包括数据库介绍及使用培训等。

五、讲座、培训、展览

图书馆作为社会信息集散中心,为社会提供多种形式的信息服务,在信息影响方面的地位是举足轻重的。讲座作为图书馆的读者服务形式之一,为广大听众提供了丰富的信息和资源,拓宽了信息获取的途径和渠道。

图书馆开展一系列讲座、培训等活动有如下五个方面作用:

(一)指导读者利用图书馆

帮助读者了解图书馆的性质、职能、任务和发展状况,介绍图书馆藏书资源的范围、重点、布局结构及其使用方法,介绍本馆的服务机构分布、服务手段、设施、借阅规则、程序、手段方法等。介绍的方法通常采用新读者集体入馆参观、现场介绍,印发图书馆简介资料,馆内播放录音、录像磁带,以及设置专门的咨询台,随时回答读者的询问等。

(二)指导读者利用图书馆目录

图书馆目录有"打开人类知识宝库钥匙"之称,读者要查阅图书馆藏书,首先必须学会查目录。帮助读者了解图书馆设有哪几种读者目录、各种目录的作用及反映藏书范围,介绍目录卡片的著录事项、索书号的组成及其组织方法,目录组织体系说明、分类目录、字顺目录的组织体系及检索使用方法,说明本馆采用分类法的分类体系、大类类目表、标记符号及特殊分类规则、字顺目录排列取字方法与查找方法，以及填写借书单的方法和要求。指导读者利用图书馆目录，可采用集中讲课的方式，也可设置目录辅导员，随时指导读者查找各种中外文馆藏目录，并在目录厅公布各种目录的体例表。

（三）指导读者利用参考检索工具

各种专业的目录、文摘、题录、索引，是教学科研人员掌握文献资料线索、查找文献资料的一把钥匙。掌握了它的使用方法，就能迅速、准确地查到与自己课题有关的文献资料。掌握中外文工具书，可以有效地提高学习与工作效率；掌握科技文献检索工具，能使科技人员在短时间内，迅速、准确地查找到自己研究课题所需的文献资料线索等。

（四）指导读者阅读图书

阅读指导是图书馆对读者的阅读目的、内容和方法给予积极影响的教育活动，目的在于提高读者的阅读能力和阅读效率。指导读者阅读图书，包括两层含义：一是对读者阅读内容的指导，二是对读者阅读方法的指导。要引导读者掌握正确的学习与阅读方法，如在什么情况下采取浏览法阅读、什么学科应采取精读法，以养成良好的自学习惯，提高学习效率和自学的效果。

（五）指导读者利用图书馆数字资源

随着网络的日益普及，数字资源在馆藏资源中所占的比重越来越大，指导读者学会使用图书馆各种中外文数字资源是每个图书馆义不容辞的任务，也是网络环境对图书馆提出的要求。

第二节 读者服务工作在图书馆中的地位和作用

国际图联、联合国教科文组织于 2001 年 8 月在美国波士顿召开的第 67 届国际图联大会上正式出版发行的《公共图书馆宣言》中明确指出："每一个人都有平等享受公共图书馆服务的权利，而不受年龄、种族、性别、宗教信仰、国籍、语言或社会地位的限制。"因此，图书馆的一切工作都是为读者服务创造条件，图书馆的价值是通过服务于社会与人类来实现的，图书馆所有的活动都是围绕着如何服务于社会与人类来展开的。服务观念、服务手段、服务方式始终贯穿于图书馆整个实践过程中，图书馆服务的态度和思想，服务的思维活动所形成的服务理念，是直接影响图书馆服务对象对于文献信息资源的需求能否实现的关键。反过来，以用户在图书馆员心目中的定位和如何满足用户需求为主要内容的服务理念，又是图书馆实现其自身价值的基础和思想保障。即服务是图书馆存在的社会价值，服务是图书馆活动的核心，服务是图书馆的基本宗旨。

如果说，一个世纪以前，我们的图书馆以藏书多为荣的话，今天，图书馆馆藏的多少和馆舍的大小已不再具有竞争的优势。因为，这些只要有一定的经济实力都有可能达到。在新时期图书馆要提高其竞争能力，既要靠资源优势，更要靠具有自身特色的、相关行业莫能企及的服务创新与服务优势。只有服务质量高才是区别各个图书馆好坏的根本所在。如果沿袭固守传统的服务模式，势必在前进的道路上鹅行鸭步，消解了本来可以壮大发展自身的竞争力。竞争力来源于服务品质的认同，已构成图书馆人的主流意识，它主导着图书馆的运行方式。

一、服务是图书馆存在的社会价值

就目前而言，图书馆正处于从传统图书馆向未来概念图书馆——数字图书馆、虚拟图书馆过渡阶段，与其他所有过渡阶段的事物一样，此时的图书馆处在传统图书馆和未来图书馆的中间，兼具两者的特点，这造就了此时图书馆的矛盾地位。何去何从，图书馆学界和业界也就此话题言论颇多。但目前的不争事实是，无论过重倚向哪一方，都会有不可忽视的"服务危机"存在。所谓"服务危机"，是指在图书馆活动过程中出现的读者信任危机。信任危机极大地影响着图书馆的社会形象和图书馆事业的发展。

（一）传统服务方式带来的危机

众所周知，改革开放以后，我国国民经济发展迅速，各行各业呈现出勃勃生机，图书馆事业也得到空前发展。但图书馆事业在全面发展的同时，图书馆服务尤其是公共图书馆服务在制度、体系、方法、态度等众多方面却存在着问题。而这些问题对于图书馆的发展和未来生存的影响，从一定程度上讲都是至关重要的，甚至是生死存亡的问题。学界和业界对此已进行了很多的理论研究和实践。

首先，从宏观方面看，图书馆事业确实得到了迅猛发展，无论在馆舍建筑、馆舍面积、馆藏数量等方面都较之以前有质的提高。但就单个图书馆而言，在经过20世纪80年代初期稳步发展以后，开始出现了生存危机。由于明显的"营养不良""供血不足"，许多图书馆呈现出"虚脱"状态。因此，图书馆界出现了"低谷论"。尽管有人对这一论调提出批评，但无论这一提法是否科学，是否符合事实，图书馆遇到的困难却是有目共睹的。经费不足，导致图书馆一系列"虚脱反映"：新增藏量锐减，人才流失，设施设备得不到改善，服务手段跟不上需要，最后导致服务水平下降、社会形象越来越差、读者流失等等并进入恶性循环。事实上，当一个图书馆每天仅有极少量的读者造访，它所提供的服务已不能满足绝大多数读者的需求时，或者当图书馆已丧失了与时俱进的能力时，尽管这个图书馆是免费的，事实上它已危机四伏，如同消失一般。如果此时还有其他行业服务者能提供类似的服务，图书馆无疑是雪上加霜，其危机将更为严重。

其次，长期以来，图书馆于外缺乏竞争奋进的机制，于内滋生出一种"黑洞现象"。即产生投入大、产出小，以至投入大而无产出的一种低效益或无效益的现象。产生"黑洞现象"的主要原因就是图书馆长期脱离市场，缺乏用服务去满足市场需求的观念和服务精神。

另外，来自图书馆外部的社会压力也在一定程度上引起图书馆生存危机。

（二）技术进步带来的服务危机

20世纪末，以计算机技术和网络通信技术为主导的现代信息技术得到了迅速的发展。它在改变世界面貌的同时，也给图书馆带来了一场深刻的变革。在技术生产力的推动下，传统图书馆发生了天翻地覆的变化，如计算机管理下规范化的"采、分、编、流"，简便迅捷的全文数据库检索，网络化的文献信息资源共享，Internet资源利用等等。我们几代图书馆人的梦想，今天都已成为现实。这一切当然要归功于现代技术的应用。正是由于现代信息技术在图书馆如此广泛而成功的应用，给图书馆的发展注入了新的活力，使得技术生产力无可争议地成为这一时期图书馆发展的第一推动力。

高新技术为图书馆的发展提供了日益先进的技术支撑，社会的网络化逐渐使图书馆成为一个资源的共同体。在一个以信息、文化和公共资源为主要生存轴心的社会平台上，只要拥有一台主机，通过网络，任何一个图书馆，都可以进行超馆藏、超时空超地域的服务；任何一个读者也可以把图书馆"带"回家，或"带"到他需要的场所，远离实体图书馆，在互联网上就能很便利地寻找到自己所需的文献信息。随着数字图书馆概念的出现及其优越的便利性的展示，读者对图书馆的依赖也将削弱。在法国图书馆新馆面世后，有人便预言大型的图书馆建筑将不会再建，也有人因此预言图书馆将会被淘汰。

随着时间的发展和技术的进步，这些预言一个一个地破灭，这并不完全因为图书馆所提供的服务不可能被他人所替代的缘故，更主要的是因为图书馆所拥有的文献信息资源的优势尚未被他人完全拥有，政府长期在图书馆界的投资积累所形成的方方面面的优势难以在瞬间被企业的短期投入所"冲淡"，图书馆界尚未引进竞争机制。坦白地说，如果当图书馆的这些优势丧失、淡化或者市场竞争机制导入业界时，凭借现有的人力资源优势和服务优势，相当数量的图书馆是难以在剧烈竞争的市场中占有先机的。

二、在传统与技术之间正确定位服务工作

传统图书馆向数字图书馆、复合图书馆过渡的时期，我们暂且称之为转型期图书馆。在转型期图书馆，图书馆员应该思考图书馆目前与将来的发展方向，关注图书馆所提供服务的水平质量，关注用户信息需求的满足程度及相关问题来促进自身进步。图书馆员应采取灵活多样的服务方式，变被动服务为主动服务，变一般化借阅为多样化、特色化服务，变粗浅的单层次服务为多层次全方位服务。但在网络化进程中，图书馆的许多传统工作内容及其工作方式还会继续发挥作用。即使到了网络发展的高级阶段，优良的服务思想和服务传统仍将是我们工作的保障。在此，不能因为网络化时代的美好蓝

图和数字化图书馆的美好前景而盲目乐观,更不能忽视和放弃眼前图书馆的基础工作。因为网络化发展毕竟要有一个过程,不是一蹴而就;而数字化也不是一项简单的工作,说实现就立刻实现,它需要我们实实在在的努力和大量细致的基础工作。那种过分相信和依赖网络技术,以为有了网络就有了一切的看法,有失偏颇,是对网络的一种错误读解。

(一)认识传统图书馆服务优势

对于预言无纸社会的出现,必将导致图书馆的灭亡,现在看来还为时太早。应该说在相当长的历史时期内,实体图书馆仍将存在,并继续发挥重要作用。转型期的图书馆作为公众服务机构,仍将承担着为社会服务的重任;传统服务作为信息传递手段仍然担任重要角色;传统印刷型文献载体,仍然保持优势地位。

传统图书馆提供的服务主要是印刷性文献,从现阶段看,用户仍然习惯于阅读印刷性图书和杂志,无论是研究,还是消遣,人们数十年来养成的阅读习惯使印刷性文献已经成为不可缺少的东西。图书与期刊的发行量,仍在不断地增长。因此,图书馆仍然是收藏文献最集中的地方,用户的信息需求,仍然需要图书馆的帮助。图书馆除提供原始文献外,二次文献、三次文献的提供,仍然是非常受读者欢迎的信息。我国公共图书馆近二十年来迅速发展,到馆查阅书刊的读者呈上升趋势。因此,图书馆要根据用户需求,收藏有特色的文献,并尽可能利用现代化手段提供相应的服务。

(二)传统服务方式的提供

传统图书馆在服务工作的时间内摸索了一整套服务方式,如馆内借阅、文献外借、参考咨询、文献复制、书刊展览、专题讲座等。这些服务既满足了众多用户对文献的需求，又方便图书馆保存和管理文献，以便更好地为用户服务。传统服务方式仍然是用户使用文献的主要方式，一般图书馆向用户提供文献服务，均是公益性的。传统服务方式在图书馆的经费支出较低，因此一般的服务不收费或收取少量的成本费。目前我国公共图书馆的服务工作是面向大众的，传统服务仍然是主流，被公众认可。由于我国网络化发展比较快，有些费用比较高，一般公众难以接受，这也是传统服务受欢迎的原因。因此，在转型期图书馆仍然要做好传统服务工作，不能一味追求新的服务方式和盲目地改善设施条件。

（三）图书馆设施和环境的提供

在传统图书馆，宽敞明亮的大开间阅览室、卡片式目录、手工式外借手续与证件等，仍为公众所喜爱。传统图书馆是一个特定的场所，它以其特定的环境吸引着广大用户，它的馆舍包括书库、阅览室、外借处、复制台、读者休息室、餐厅等服务设施。许多读者来图书馆阅读图书，查阅文献和信息，是为了享受图书馆的服务和氛围，因此，图书馆的环境和服务仍然是用户选择的主要场所。

在我们认识传统图书馆服务的优势同时，也不能"倚老卖老"。还应清楚地看到传统图书馆在服务方式上存在的复杂性。归纳一点，就是优化服务流程，简便是服务的核心。

（四）理性对待现代技术

图书馆是社会文化机构，而不是技术机构，也不是为技术而存在的。就图书馆自身而言，既不是图书馆最新技术的创造者，也不是IT行业的先驱精英。图书馆存在的价值在于为社会所提供的信息服务，在于以最短的时间、最快的速度，为最多的读者找到最多的书（信息）。从表面上看，图书馆的现代化进程表现出的是一个图书馆不断技术化的过程。因为在这一过程中，我们能明显地看到，技术正以点滴的方式向图书馆渗透，逐渐改变和替代了图书馆传统的工作方法，使图书馆的技术含量和现代化程度越来越高。但在实质上，图书馆的现代化进程是图书馆不断利用先进技术手段改进传统服务，提高自身服务能力和服务水平的过程；是为了满足社会对信息服务日益增长的需求，使图书馆的价值在社会进步的过程中不断得以再现的过程。

信息技术的变化改变了读者利用文献与图书馆的方式，但图书馆服务的宗旨不能变。正如谢拉所言："服务，这是图书馆的基本宗旨。"[①] 最新信息用最快的速度传递，并不一定能获得最大的效益，而经过有目的的整序，有针对性的分析、评价和再加工所得到的情报产品，在社会上往往获得广泛利用，成为最受情报用户欢迎的情报产品，由此情报效益得到高质量显现。无论何种信息环境下，读者都希望图书馆工作人员能迅速准确地提供最有价值、最有针对性的文献信息。因此，对文献信息进行认真分析、鉴别，对有价值的信息进行指导性的、科学的评价，对有传递价值的信息进行综合处理和再加工，是服务的基础工作，也是图书馆情报职能的最基本体现。

在过去的30年，图书馆经历了两次大的冲击。第一次发生在20世纪80年代中期，由于计算机技术和通信技术的结合推动了互联网的发展，有人预测随着无纸社会的来临，图书馆将走向消亡。确切地说，是无纸预言引发了信息社会的图书馆消亡论。一些人对图书馆的未来表示悲观，认定图书馆存在的时日已不多，到20世纪末21世纪初，随着图书馆完全电子化，图书馆将大部分消亡。图书馆消亡论认为，剩下为数不多的图书馆，只是专门用于保存过去的印刷型文献。图书馆消亡论者最具代表性的人物，首推美国图书

---

① 周笑宇. 浅析谢拉图书馆学教育理论[J]. 卷宗，2018(8)：61.

情报专家兰卡斯特，他肯定地认为："我们正在迅速地不可避免地走向无纸社会"，"图书馆主要是处理机读文献资源，读者几乎没有必要再去图书馆，地方图书馆已无足轻重，甚至消失"。①他还毫无根据地推出预测的时间表，"再过20年，现在的图书馆可能完全消失"。②这个时间表是他在20世纪80年代初做出的。事实上，20世纪已经成为历史，我们不但没有在世纪之末看到图书馆行将消失的迹象，恰恰相反，摆在眼前的却是图书馆持续发展的一派进步景象。无论数量还是质量，都呈现出增长与提高的状态。图书馆顶住了第一次生存危机，并取得了迅速发展。

第二次冲击发生在20世纪90年代末，并一直延续到现在。由于互联网的大量普及，电子信息以几何级数迅速膨胀，有人认为互联网的导引系统和搜索引擎会代替图书馆的功能，成为人们获取信息的重要途径。于是人们怀疑图书馆还有没有存在价值。

今天，图书馆正在面临第二次考验：图书馆能否向人们提供比互联网的导引系统和搜索引擎更有效的服务手段，继续成为人们获取信息的"第一手段"？2001年5月，在上海图书馆举行的一次国际中文元数据应用研讨会上，与会代表都有这样的共识，时代赋予图书馆员一个新的使命，就是通过网上资源编目，把无序的网络空间变成有序的数字图书馆。实践将证明，图书馆员需要互联网，而互联网更需要图书馆员。网络的发展，使得"网络用户在网上能够找到甚至只能找到他所不需要的东西"成了互联网信息检索定律。这就使得图书馆员利用网络信息检索技术与方法成为网络导航员和知识工程师，利用网络开展培训和继续教育成为网络环境下图书馆服务向深层次发展

---

① F·W·兰卡斯特.电子时代的图书馆和图书馆员 [J].陈颖，刘淇，吴正，译.大学图书馆学报，1985(6)：47-52.

② F·W·兰卡斯特.情报检索系统 特性、试验与评价 第2版[M].陈光柞等，译.北京：书目文献出版社，1984.

的重要内容。

在两次冲击中,图书馆都是在激烈争论和尝试中获得了生存的机会。如今数字图书馆建设的波澜壮阔已经将图书馆与网络更加紧密地融合在一起,同时一些引领时尚潮流的虚拟图书馆如雨后春笋般不断涌现。图书馆仍然在人们的需求之中继续前行,巍然屹立于潮头浪尖。图书馆人正以一种执着而热烈的追求和无私奉献的精神在图书馆行业艰苦奋斗,开拓创新。因此,人们不得不承认,图书馆具有生存和发展的核心竞争力。

毋庸讳言,现代信息网络的普及、信息资源的数字化和信息系统的虚拟化使得包括图书馆在内的信息提供机构的"中介性"的作用大大降低,网络化信息库体系已经成为主流性的服务形式,同时信息用户的行为模式也发生了很大变化。但不能以服务方式和服务内涵的变化甚至下降来否定图书馆在现代信息服务体系中的地位和作用。图书馆服务面临的问题和挑战是巨大而艰难的,因此改革和变化更为必要和急迫。在改造和变革传统服务体系的过程中不仅要面向新的理论、技术和服务方法及方式和创新服务体系,同时也应挖掘其原有系统的内外在价值,使图书馆服务在信息社会中能够发挥真正的作用。

第三节 读者服务工作的发展趋势

一、读者服务工作的开展历史

纵观图书馆发展的历史,服务是始终的原动力。服务的内涵随着时代的需求不断变更和升华,在不同的发展阶段有着不同的核心和重点。由于图书馆社会职能的演进，图书馆服务经历了从封闭到开放，从借阅服务到参考服务，从信息服务到知识服务，从无偿服务到有偿服务，从按时服务到及时服务，从在馆服务到多馆服务、馆外服务，从在线服务到全球化服务的发展过程。其服务内容从"提供给读者馆藏文献"变为"帮助读者获取馆内外信息"，服务方式由面对面变为远程（通过电话和网络），并呈现出多种服务并存、其手段与方式不断更新和拓展的前景。

在中国，如果说图书馆的设立是为了贵族阶级所利用，是一种封闭式的服务，馆阁对平民阶级来说，是一种游离于其身外的神秘物，那么到了魏晋南北朝时期甚是兴盛的私家藏书互通有无的借阅、借抄已颇风行；宋代官府藏书允许公开出借；清代亦无禁例，准予公开借阅。比及近代，杜定友于1926年曾撰就题为《图书馆学的内容与方法》的长文，文中就呼吁"图书馆服务精神"，并强调这是一种"特殊的服务精神"。他这样描述图书馆人：一方面要静如"处女"，"埋头伏案"，一方面又要"各处奔走"，有"奋斗、牺牲、忍耐、沉默的精神，高尚、清洁的人格，和蔼、慈善的态度"，并说如无图书馆服务精神，虽有高深学问亦于社会人群无所裨益。[①]

在西方，图书馆服务可以追溯到前6—前5世纪。在雅典出土的古希腊一个图书馆墙壁上，就刻有"不得将图书携出馆外"的文字。可见阅览是图书馆最早的一种服务方式。尔后，由阅览逐步扩展到外借。

15世纪，英国著名藏书家里查德·伯里在其专著《热爱图书》中明确指出，收集大量图书是为了学者的共同利益而非个人享受。他编制了藏书目录，拟定了借书办法。尽管其借书办法有多种限制，如办理外借时不得少于三人、抄录图书内容时不得带出本馆围墙、无复本的书不得外借等，但服务的思想十分明确："我们的目的是使这些书不时借与该大学城区的学生和教师，不论

---

① 王争录，张博.论图书馆教育强国梦:杜定友的探索[J].图书馆，2023(3):92-97.

僧俗，均可用以学习和进修。"这充分体现了平等服务的精神。

19世纪中叶，随着邮借和馆际互借方式的出现，以及20世纪初电话咨询方式的兴起，出现了并不访问图书馆的图书馆读者。

20世纪以后，以开架服务为基础、以方便读者为目的的各种服务方式相继出现并得到广泛推广与应用。如20世纪初在美国和英国出现的流动书库，以及在许多大型图书馆和大学图书馆设立的参考服务。第二次世界大战以后，图书馆服务的内容和方式日益增多。1956年美国国会制定了《图书馆服务法》（1964年发展成《图书馆服务与建设法》），图书馆服务逐渐走向法制化、科学化和现代化。

20世纪70年代前后，图书馆工作的计算机化主要应用于内部业务，并未从根本上改变图书馆服务的基本架构。20世纪80年代兴起的信息化热潮，对图书馆传统的一次文献服务形成强烈冲击。信息服务是以向人们提供有用的显性信息为内容的信息传播过程，其特点和局限性在于信息内容限于素材性的显性信息及显性知识。在信息服务过程中采集、提供的信息，主要是将作为素材化的材料直接提供给用户，如一次文献、二次文献等。人们通过各种检索手段，获取文献或数据、事实信息。

随着20世纪90年代网络的出现，文献利用的"场所束缚"、图书馆利用的"时间限制"、文献与利用者的"地理间隔"等问题不复存在。图书馆服务朝着服务的便利性，服务的自助利用与馆外利用等方向发展。

二、读者服务工作的变化

探讨图书馆读者服务工作的发展趋势之前，我们有必要先了解一下在现阶段图书馆读者服务工作的变化。因为只有根据其变化，我们才能得出其发展趋势。

图书馆变革的根本原因和动力即在于阮冈纳赞所说的"图书馆是一个发展的有机体",是开放的社会机构。因为是发展的有机体、开放的机构,就必然要从周围环境中输入新元素,并在图书馆"肌体"内消化代谢,生成新的可以向社会输出的产品和服务,并将社会对它的反映再反馈回"肌体"内部。因此随着社会的发展,技术的进步,图书馆基本功能随着社会的发展保持了下来,但是它与社会关系的集中体现—服务,无论是作为制度基础的法律,还是实践的基本内涵,如服务的内容、方式和方法却在不断地变化和变革中。

当今社会是网络信息社会,网络在人们的学习、生活中占有愈来愈重要的位置。置身于此的图书馆服务,尽管还存在许多传统方式,但服务途径和手段与过去相比已有巨大变化。

(一)图书馆服务环境的变化

21世纪是知识经济时代,知识与信息已成为经济活动中的生产要素。知识经济的不断发展,加快了知识创新的速度,促进了信息的交流与利用,人们信息需求不断增加,对图书馆信息服务提出了新的要求。由于受到社会环境变化的影响,图书馆服务环境也发生了重大变化。

在网络信息时代,用户可以不受时空的限制,通过互联网轻而易举地检索到所需的各种信息,甚至可以方便快捷地下载和浏览全文文献和多媒体信息。随着宽带网进入家庭,用户坐在家里就可以获得信息、接受远程教育、欣赏文艺节目等。网络环境为图书馆工作提供了一种新型的快捷、跨时空的信息服务方式。传统图书馆"坐等上门"的服务局面,以及"借借还还"的服务方式,已经不能适应网络时代的读者要求。为此,各种类型的图书馆都在寻找自己的立足点和生存空间，千方百计地改变服务工作，拓展服务领域和内容，适应环境的变化。最显著的变化是几乎所有的图书馆都安装了计算机设备，建立了供用户使用的公共计算机查询系统，开展了网上预约外借、网上咨询服务等项目。

（二）图书馆服务需求的变化

传统图书馆是以文献为服务单元，注重读者群体概念，以向用户提供印刷型文献信息为主，读者需要文献只能采用到图书馆查阅的服务方式，图书馆服务工作和用户信息需求均受到一定程度的限制。在网络环境中，用户的信息需求发生了根本性变化，人们已经不再满足图书馆提供一部书、一篇文章，而是要求提供某一特定信息、某一事物、某一主题的知识信息。图书馆服务范围也随之发生较大的变化，从提供印刷型文献，发展到提供知识信息、多媒体信息、多载体信息。也就是说从传递文献信息，发展到传递知识信息。现代图书馆是以信息为服务单元，强调以人为本的个性化信息服务。即满足读者个性化和多样化的信息需求，提供差别信息服务。当然，传统的文献服务也并非不存在差别，但那种差别是建立在读者群体基础上的，而现代图书馆的信息服务差别是建立在不同的读者个体上，是建立在直接性、多样性和个性化基础上，即根据读者各种不同的个性化信息需求，实行个性化定制服务。

（三）图书馆服务技术手段的变化

传统图书馆长期采用手工操作，无论是采访、编目、典藏、阅览，还是咨询工作，都是以卡片为载体，一切工作都是手工操作，服务工作更是靠劳动密集型操作完成。随着技术的发展，图书馆工作从半机械、机械化过渡到自动化和网络化。现代图书馆服务已大量采用复印机、防盗仪、计算机、传真机、网络传输、卫星传输等设备为用户服务。图书馆利用新技术服务的手段不断增加，如网上参考咨询、网上信息检索、数据传输、网上文献传递服务等。现代技术的发展和现代设备的应用为图书馆服务工作提高了效率。

（四）图书馆服务模式的变化

在图书馆服务工作的变化中，变化最大的应是服务模式的变化。在突破了传统的服务模式制约的过程中，呈现出如下四个趋势：

1. 由封闭型转为开放型

传统图书馆受到经济和技术的制约，图书馆的服务活动局限在特定的范围，服务工作可以说是以阵地为主，一般"等客上门"，所有的服务基本上是"以馆藏为中心""以馆员为中心"。图书馆在加工规模、藏书体系、服务范围、人员配备方面基本形成了"小而全""大而全""备而不用"的自我封闭型办馆范式。图书馆与外界的联系很少，满足于一般的借借还还，图书馆员的思想受到束缚，形成了僵化的管理定式。

在知识经济时代和网络环境下，面对社会信息需求的扩大和技术的发展，图书馆再也不能故步自封，把自己禁锢在图书馆的围墙之中。图书馆的服务工作开始走出图书馆，面向需求、面向用户，主动服务，建立辐射型的开放服务系统。形成"以用户为中心""以需求为向导"的主动型服务理念和信息服务模式。目前，图书馆非到馆用户成倍增加，网上信息需求范围逐步扩大就是最显著的变化。

2. 由单一化转为多元化

传统图书馆一般都有比较固定的读者群，图书馆服务也主要为到馆读者服务。图书馆的服务模式培养了自己特有的用户，用户习惯于把获取信息和知识的渠道、方式局限在图书馆，获得信息的方式比较单一。随着社会、经济、技术的发展，人们传播信息的渠道不断扩大，人们获得信息的渠道和方式多元化，传统图书馆向读者提供的阅览、外借、检索、复制书刊资料的服务方式已经不能完全适应用户需求。现代图书馆要满足用户获得信息需求，必然要开展多样型的服务。在转型期已经出现了服务需求多元化、服务形式多元化、服务内容多元化局面。目前许多图书馆开展代查、代检索、代复制、代翻译、联机检索、光盘检索、网上咨询、异地服务、远程教育等，就是为满足用户需求的多元化展开的。

3. 由劳动密集型转为智力密集型

在传统图书馆的服务中，图书馆员向读者提供服务以手工为主，工作人员从事文献的采集、编目、加工、书库管理、阅览服务、参考咨询等工作，大部分是劳动密集型操作，重复性、繁琐性、体力性的工作比较多。服务第一线的工作人员是体力性工作，人员素质相对低一些，其主要工作任务是书刊上架、整理、阅览室环境卫生、简单咨询等，从图书馆的整体动作模式来看，以劳动密集型为主。

随着信息时代的到来，信息需求急剧增加，图书馆服务工作的范围、对象、内容、方式、手段不断扩展和增多。新技术的发展，改变了服务人员与用户之间的互动关系，用户不再局限于与服务人员面对面，图书馆服务工作的劳动逐步从劳动密集型向智力型转变。图书馆员的大量工作任务转向对知识信息进行整合，对网上信息进行检索与筛选后进行超级链接等方面。图书馆员已经成为"信息导航员""网上冲浪员"，是信息的中介，直接参与市场信息交流活动。图书馆提供的服务的知识和技术含量不断增大，表现为信息增值服务。

4.由分割式管理转为整体协调式管理

传统图书馆的服务工作，因手工操作，一般是多部门分块管理。外借部负责图书外借，阅览部负责到馆读者阅览，咨询部只管咨询，报刊部负责报刊借阅，每个部门只管自己所管辖的服务范围，相互间的协调比较差。用户在图书馆内要跑几个地方，才能满足多种需要。有关专家曾经提出，图书馆应建立获取服务部，用户提出的一个信息需求申请，在图书馆内部经过的无数流程和复杂环节，对用户来说并不需要知道，用户仅获取最后的结果。图书馆服务通过技术手段，读者可以在短时间内一站式获取所需信息。随着新技术的发展，图书馆的服务管理必须要有整体的协调性，树立大服务的观念，做到内外结合，横向联合，资源共享，才可能满足用户的需求。

三、读者服务工作的应对

为适应图书馆种种工作的变化，图书馆应实现如下转变：

（一）实现读者走进图书馆到图书馆走近读者的转变

该种转变包含如下三个方面的含义：

1.网络上的走近

如许多高校图书馆在校园内开设了校园网，使图书馆进入各个大学生宿舍和教师住宅，使学生和教师在住所即能方便检索利用图书馆的各类文献且不受时间和数量的限制。这样的做法使学生和教师感到图书馆就在自己的身边。

2.服务上的走近

图书馆实现从闭架书库到开架书库，使读者亲临其境，亲手挑选自己所需的文献资料。图书馆设立各种新书专架，推荐书架、书目展示等，受到读者普遍欢迎。

3. 管理上的走近

图书馆中面向读者的各项规定可重新定位，从读者的角度出发进行文字的修改，其中包括文字规范，使用国内外通用表达方式；语言委婉，让读者易于接受等。还可以在读者中建立社会监督员队伍，由读者来明察暗访，对图书馆管理的各个方面评头论足并予以打分，馆中定期召开监督员会议，由馆领导和有关部门负责人参加，对监督员所提各项建议均逐一落实。还可联系其他图书馆，各馆之间进行网络连接，实行馆际互借、借阅一卡通和异地借还。这些做法，都让图书馆更加贴近读者，也使图书馆的优良服务充分体现出来。

（二）实现从管理者到服务者的角色转变

从图书馆的内部而言，每一位图书馆员或是阅览室管理者，或是书库管理者，或是网络管理者，或是采访编目管理者，或是参考咨询管理者，或是行政业务流程管理者，但所有这些管理者在为读者服务这一点上是一致的。在现在的图书馆各项工作中，图书馆的工作者往往比较多的是将自己的角色定位为管理者，而不是服务者。这样，服务的内容、服务的方式、服务的制度、服务的流程等，较多地是从图书馆的内部出发，从图书馆的管理出发，从方便图书馆员的工作出发，从图书馆的既定业务流程出发，从图书馆长期形成的业务思维定式出发，而较少从读者的需求出发，从未来更方便读者出发，从图书馆不断创新给读者以知识导航出发。总之，在相当程度上，目前的图书馆更多的是管理，而非服务；更多的是让读者来适应图书馆，而不是让图书馆去适应读者。这样的例子在图书馆可以说是俯拾皆是。而分析其原因，正是因为人们的理念还停留在图书馆的"管理者"，其角色没有转变为读者的"服务者"。

如果从图书馆的内部管理和外部服务一起考虑的话，图书馆应该推行以读者为本的"繁简观"，即上繁下简，内繁外简，前繁后简。何以言之？所谓上繁下简，即在管理层应该充分讨论，反复酝酿，各方协调，细则具备；而到一线服务之处则应政令从简，布置清晰，易于操作，执行坚决。所谓内繁外简，即在图书馆内部，各项服务制度、服务流程、岗位职责应该制定得十分详细，规定得十分具体，各项服务活动的准备工作要做得十分充分完备，各项应急预案应考虑得十分周到细致；而对读者和公众，应该言简意赅，易于理解，便于遵守。所谓前繁后简，即在读者第一次到馆时，或为到馆读者提供首次咨询和服务时，应该主动询问，回答具体，介绍详细，服务耐心，以避免读者因不了解情况而为其带来各种不必要的麻烦；而对常来的读者，则要处处为读者节约时间，要言而不烦，动作快捷，方便高效，服务专心。

（三）实现从数量增加型到质量提高型的转变

图书馆的服务在数量增加的同时，必须实现向提高质量的方向发展，这是不断满足读者需求的服务理念。读者的需求是在不断发展变化的，当我们在扩大图书馆的面积、拓展阅览的空间、增加图书期刊的品种、策划图书馆的服务项目、壮大图书馆员的队伍，加大图书馆的投入，甚至进行图书馆大规模扩建的同时，我们应当十分重视提高图书馆的服务质量。在当代信息和知识总量剧增的情况下，广大读者已不满足于以往图书馆的传统服务内容和方式。图书馆作为知识的门户，其图书馆员能够成为知识的采集者、知识的加工者、知识的组织者、知识的管理者、知识的交流者、知识的提供者和知识的教育者，总而言之，要成为知识的导航者。由于多年来形成的图书馆员队伍素质总体水平不高，在加强现有图书馆员队伍的培训、不断引进优秀人才加入图书馆员队伍的同时，我们也可以实行"借资工程"和人才的柔性流动，即可以聘请社会上各行各业的专家到图书馆进行坐堂咨询，既可以是综合性咨询，也可以是专题性咨询；也可以借鉴大学和研究所里的开放型实验室的做法，邀请国内外的专家来从事一些研究项目，以便更好地为读者服务。

要实现图书馆从数量增加型到质量提高型的转变，就要对广大的读者进行个性化的服务和超常服务。图书馆的超常服务，也是图书馆服务质量提高的实质体现。同时，图书馆的超常服务也体现在图书馆员为读者所提供的延伸服务。延伸服务有时间上（图书馆正常服务时间之外）的延伸，也有范围上的延伸（越出本岗位的服务局限），还有内容上的延伸（超出图书馆业务服务范围），以及空间上的延伸（为外地及境外读者服务，为读者离开图书馆后提供服务）。

要实现图书馆从数量增加型到质量提高型的转变，还应在图书馆中创造并培育出标志性的信息服务产品。就期刊而言，国家图书馆的《中国图书馆学报》、中国科学院文献情报中心的《图书情报工作》、上海图书馆的《图书馆杂志》等就是标志性的信息服务产品。全国图书馆界合作完成的《中国图书馆图书分类法》《中国古籍善本书目》，全国高校图书馆系统联合建设的"中国高等教育文献保障系统"等也都是标志性的信息服务产品或信息技术保障手段。

四、读者服务工作的发展趋势

从目前的图书馆发展状况来看，读者服务工作总趋势可概括如下几点：

（一）参考咨询——对寻求信息读者的个别帮助

参考咨询工作无论在传统时期还是在现代网络环境下，都是图书馆沟通用户与信息源的一种有效形式。我国图书馆参考咨询工作自产生以来就处于不断的发展变化之中，从简单的问题解答、馆藏书目查询，到定题情报服务、研究课题查新及检索工具使用的教育辅导等，从纯手工检索文献、口头解答问题，到机械化检索文献和借助于电话、传真等进行咨询。参考咨询的有效开展，在很大程度上配合了图书情报职能和教育职能的发挥。但自进入 20 世纪 90 年代，传统的参考咨询手段已越来越难以满足社会快速而复杂的信息需要，加上互联网络的开放兼容性和信息资源共享性的特点，图书馆的传统服务受到来自互联网的强有力挑战。

自 20 世纪中期以来，国外的一些图书馆正在摆脱传统的参考咨询模式，即充分利用网络技术成果，极大地改变了参考服务形态。这种变化不是局限于传统的咨询内容和手工化的服务方式，而是从数据化、网络化的视角出发，开拓信息咨询业务的新内容和新方式。许多图书馆往往收集并保存着大量互相重合的以及失去价值的资源，占用了有限的物理空间，使图书馆发展受到严重限制。计算机信息处理和网络通信技术的广泛应用，使文献信息资源越来越多地以数字化方式存在，文献资源的供给也通过互联网络来完成，图书馆自身物理空间呈现为虚拟形态；参考咨询业务因而突破馆藏概念，信息资源呈现"无围墙"状态。信息载体由传统的印刷型文献发展到电子版、视听版、缩微版、数据库和多媒体文献，尤其是互联网上的信息资料，成为参考咨询的重要资源。图书馆传统的参考咨询工作若要谋求进一步发展，首先要设法改善服务技术手段和信息资源环境，而数字参考服务恰恰适应这种发展需求。数字化参考咨询服务的状况将成为体现现代图书馆服务水平与层次的重要标志。

在国外图书馆界，数字化参考服务从产生到现在，仅 30 年的历史。但是，就是在这短短的 30 年中，DRS 已经相当普及，并以强劲的发展势头引领着现代图书馆信息服务的新潮流。

数字化参考服务，又称虚拟参考咨询服务、网络参考咨询服务。数字化参考服务主要是在网络环境下，图书馆或信息机构以网络为信息阐述手段，以数字化信息为基础，通过 E-mail、web 表格、在线交谈、视频会议等方式进行的参考服务。这种服务形式不受时间、空间的限制，能够借助相关资源，通过咨询馆员或特聘学科专家来为用户提供 24 小时的不间断服务，它代表着现代图书馆信息咨询服务的发展方向，其内涵要比传统服务更深厚。

虽然目前公共图书馆的数字参考服务尚不普及，网络实时服务还不能成为参考服务的主流业务，数字参考服务对参考服务全局的影响还没有完全显现出来，并可能在未来的几年仍将处于配属状态，但与传统参考咨询相比数字参考服务具有的优势是显而易见的。

1. 多样化的内容

数字参考服务的内容不仅包括传统参考服务中常规性的简单问题的解答，如馆藏文献书目查询、图书馆以及检索工具使用的教育辅导等，还包括网络信息资源的介绍、查找、评价、选择与提供，网上定题服务、简报服务，网络远程教育等。

2. 自动化的手段

数字参考服务的最重要特点就是服务手段的自动化、电子化、网络化。咨询馆员不需要与读者进行面对面接触，主要依赖计算机对信息进行自动化的查询、获取、分析、加工、存储等处理，利用互联网技术等电子化手段能更大程度地实现与读者之间的交流。

3.智能化的结果

由于咨询馆员借助计算机进行信息处理,如互联网数据库检索、光盘数据库检索、网络信息传输等现代信息技术,因而可以向读者提供更高水平、更高层次的解答,提供针对性更强、更具附加值的智能化成果。

4.服务范围与信息源的广泛化

网络环境最大的优势就是打破时空界限,读者无论身在何处,都可以全天候向咨询员发送问题,咨询员也可以利用丰富的、海量的网络信息资源解答读者的问题,这是传统参考服务时代所无法想象的。

目前,国内外比较常见的数字化参考咨询服务(DRS)的方式主要可归纳为Help系统和FAQ(常见问题解答)信息服务、异步服务、实时交互服务和合作化数字参考咨询服务(CDRS)。

Help系统和FAQ:这种方式是对各种网络数据库本身如何使用进行介绍和说明,形成一个联机帮助系统,汇总常见问题,整理后放在网上供用户浏览。在问题增多、浏览不便的情况下,经过技术处理逐步形成FAQ数据库,用户可以方便地查看自己提出的问题是否已有现成的答案,或者通过输入分类号、关键词等渠道获得所需的解答情况。这种参考咨询方式问题比较集中,且具有针对性,用户获取现成答案的速度比较快。但缺点是通常只列有常见的问题集,用户也只能被动地检索并接受答案,在遇到常见问题集里没有自己提出的问题时就会无所适从。

异步服务:这是目前参考咨询最流行也是最简单的服务方式。通常的做法是在图书情报的网站主页或者某个网页上设立"参考咨询"或"询问图书馆员"的链接,以电子邮件、电子表格、电子公告板、留言板等形式来完成。在图书馆,一般是在本馆的网站上用Ask A Librarian加以链接,用户以电子邮件、电子表格等形式来提交请求。Ask A Librarian 在接到用户请求后,以电子邮件形式做出答复。其突出特点是简单易行,但最大的问题是因基于异步处理而使用户与咨询员之间缺乏实时的交流,导致咨询结果不能得到及时反馈。

实时交互服务:这种服务是在网上实时进行的、面对面的交流,其主要形式是网络聊天室、桌面视频会议、网络寻呼机等。目前广泛采用的 Chat 软件技术。使用基于 FAQ 数据库管理的参考咨询服务,每次的提问和解答过程都依靠后台数据的支持,系统管理员或参考咨询员在经过筛选后,将有价值的问题及其解答加入其 FAQ 数据库中,不断增加 FAQ 的数量,在规定的时间内提供给用户。实时交互服务大大提高了咨询服务的质量,尤其是网络客户呼叫中心这类软件,能有效支持远程的复杂咨询和用户培训,服务效果更佳;但实时交互服务也存在着一些有待解决的问题,诸如咨询人员的合理配置与培训、技术和经济运行条件的保障以及咨询过程中用户行为随意性的控制等。

合作化数字参考咨询服务(CDRS):前几种参考咨询方式在实施过程中,其方便性很容易带来急剧增加的咨询请求量,咨询人员也经常遇到超过自身知识和可利用资源量的复杂问题,而且由于人员限制,单个图书馆很难做到全天候的咨询服务,于是便出现了合作化数字参考咨询服务。CDRS 是利用网络技术建立起来的,有多个图书馆甚至多个系统间的互联数字化网络在任意时间、任意地点为用户提供的参考咨询服务。这种方式运用最新的科学技术成就,能够在相关的数字化信息资源中提取、筛选出最好、最准确的答案。这种服务方式几乎可以使解答咨询的图书馆员在海量的数字化信息资源中左右逢源,极大地满足用户的咨询请求,有效地实现信息资源、人力资源和服务资源的最大化、最优化的共享与利用。因此，合作化数字参考咨询服务将成为未来数字图书馆参考咨询服务的重要模式。

在数字化信息环境中，图书馆与其他信息服务机构处在同一起跑线上。但是，图书馆的优势又是显而易见：信息服务毕竟有其悠久的历史，具有丰富的经验，藏有巨量的印刷品和数据库资源，专业人员和技术力量也相当雄厚。合作与竞争同在，机遇与挑战并存。数字化图书馆时代需要参考咨询服务，就是要大力提高文献资源和信息资源的利用。正如培根所说："知识的力量不仅取决于其本身的价值大小，更取决于它是否被传播及传播的深度与广度。"[1] 只有大力开展新时期图书馆参考咨询服务，图书馆事业才能顺应时代的要求，得到有力的发展。

（二）关注弱者——从物理的无障碍到虚拟的无障碍

获取信息是人权最基本的内容，然而对弱势群体，如文化水平低下、社会地位不高的群体；经济上处于弱势的群体；地理环境处于弱势的群体；少数民族，身体残疾者等弱势群体，图书馆开展对弱势群体的服务是维护他们基本人权的体现。现代图书馆的读者服务工作要真正让读者满意，则必须确保那些由于某种原因不能得到主流服务的少数群体也能够平等地享受到各种服务。

可以说，公共图书馆免费教育的理念与实践，使得弱势群体能在这里以零投入而获得信息和知识；而图书馆"有教无类"的思想和无差别的服务理念，使弱势群体社会平等的政治愿望和接受教育的基本权利得到切实的体现和保障。这种信息无障碍的服务理念是数百年来全世界图书馆服务的宗旨。然而，随着人类进入所谓的"信息社会""知识经济社会"，人们获取信息的

---

[1] （英）弗兰西斯·培根. 培根随笔[M]. 李秀云，译. 上海：上海译文出版社，2022.

方式发生了变化，由于社会地位、知识水平和经济实力等方面的差别，在信息资源的分配和获取上，出现了"信息富人"和"信息穷人"的区别。对于弱势群体，图书馆成为他们信息资源的最后提供者，所以有人把公共图书馆称为"信息时代信息穷人最后的避难所"。因此，如何更好地深化信息无障碍服务，是每个图书馆应思考的问题。如何为残疾读者度身定做，进行个性化服务，也是提高图书馆信息无障碍服务的重要一环。

从图书馆服务而言，要构建信息无障碍的环境应包括两个方面：一是物质环境的无障碍。这主要指的是坡道、盲道、扶手、残疾人专用洗手间、专用电梯及方便按钮、设置音响信号装置等。越来越多的图书馆，尤其是新建的图书馆在馆舍建筑上开始考虑为残疾读者提供服务。二是信息和交流的无障碍。如果我们从方便读者的角度出发，设身处地为残疾读者着想的话，残疾读者到图书馆来看书和借书有与正常人相比的诸多不便。因此，在信息技术的支持下，图书馆的物质环境无障碍服务正向虚拟无障碍方向发展。国内外图书馆近年来大力发展的网络服务和虚拟参考咨询服务也可看作这种发展趋势的体现。所谓信息和交流的无障碍主要是指盲文读物、盲文计算机、影视字幕、天花板书、朗读服务、手语、网络服务、送书上门等。

一些图书馆考虑残疾读者行走不便，开展主动送书上门服务。在世界一些发达国家的图书馆，目前已经将传统的阵地服务与先进的网络服务有机结合起来。一些图书馆的空间与文献布局已经完全摆脱了多少年来常用的文献载体和文献类型的划分，重新按照内容主题来划分。如法国国家图书馆、里昂图书馆、纽约公共图书馆等都是如此。如法律阅览室，可以将法律的图书、期刊、工具书、缩微胶卷、视听资料、电子文本、网络资源等集于一室，将印刷文献和计算机检索融为一体，这样可以免去读者包括残疾读者地来回奔波之劳。

（三）奠定品牌化服务的基础——特色图书馆

提高图书馆的服务质量，就要提倡品牌服务。这里的品牌，包括受用户欢迎的标志性产品，也包括得到读者承认和信任的高水平馆员。一个图书馆要在未来的服务与管理中得到持续的发展，要提高其核心的竞争能力，就要保持并推出其品牌服务。

服务要形成一种品牌，强调的是一种服务社会的形象与口碑。品牌化服务突出的是服务的特性与特色。品牌化服务是服务品牌的延伸与深化。图书馆品牌化服务的基础主要是特色馆藏。在网络化、数字化不断发展的今天，数字资源是网络服务的基础，具体到每一个图书馆就是特色馆藏的数字化和特色数据库的建设。

如何把有限的经费用在刀刃上，如何吸引住读者，如何使有限的资源充分发挥效益，从20世纪80年代中期开始，许多图书馆便不约而同地在开展特色服务方面寻找突破口。我国公共图书馆界关于图书馆的特色服务以及更进一步升华为特色图书馆的实践探索，便是在这一时代背景下产生的。集中力量在读者需求相对突出、集中的某一方面建立自己的特色，形成自己的优势，做到"人无我有，人有我优"，是图书馆在现实条件下可以办到且行之有效的办法。因此，特色图书馆也是随着读者的需求变化而产生发展的，它使得公共图书馆呈现出向专业化发展的趋势。

应区分"特色图书馆"与"图书馆的特色"这两个概念。这些年来，理论工作者普遍强调图书馆要办出特色，包括图书馆的藏书特色问题、图书馆的建筑特色问题、图书馆的管理特色问题、图书馆的人才特色问题等。但这种特色只是各图书馆内局部的变革，因此我们不能将这种现象称之为"特色图书馆"，称之为"图书馆的特色"，更为妥帖。无论从理论上还是在实践中，办出"有特色的图书馆"和"特色图书馆"都是不能等同的概念，我们不能以偏概全，不能因为一个图书馆在某个方面或某些方面有特色，就将其称作"特色图书馆"。

对于特色图书馆这一概念的提出及界定，目前仍有许多争论，意见并不统一。在这里，我们取一种大家都认同的说法。即特色图书馆是系统组织与管理特定学科（主题、领域）的知识信息，为特定用户群提供特色服务的图书馆。要正确理解特色图书馆的概念，还应从如下几点入手：

1.特色图书馆不隶属于公共图书馆

20世纪80年代中期，我国图书馆事业尤其是公共图书馆事业发展处于相对低潮时期。公共图书馆为了更好地吸引读者，开展了一系列特色化服务活动，"馆中之馆""专藏室"等十分红火，"特色图书馆"称谓因此在公共图书馆界频频使用。据统计，全国80%县级以上的公共图书馆建设具有某方面的特色，上海市公共图书馆100%具有一定的特色。如果80%～100%的公共图书馆是特色图书馆，那么以后特色图书馆是否可以完全取代公共图书馆？答案无疑是否定的。[①]其实，这只是"特色图书馆"的滥用，是把图书馆特色化当作特色图书馆而已。图书馆特色化，是包括公共图书馆在内的所有图书馆追求可持续发展的新举措。自然，特色图书馆也不是公共图书馆的专利，不应当隶属于公共图书馆。

2.特色图书馆也绝不是专业图书馆

专业图书馆，即科学与专业图书馆，亦称专门图书馆。社会教育与科研的需求，是专业图书馆存在的前提，而这种需求无疑是巨大的，因此专业图

[①] 周德明.关于上海市公共图书馆服务体系建设与完善的思考[J].图书馆杂志，2007（5）：32-34.

书馆的数量极多并且自成体系。即使是同一专业的专业图书馆，在全国也构成了本专业信息资源共建共享的图书馆网络。而特色图书馆是特别的或特殊的图书馆，是以特色馆藏资源为特定对象进行特色服务的图书馆。在全国乃至全球，同样的特色图书馆极少，就是那么一两家。显然，特色图书馆与专业图书馆有质与量的区别。

3. 特色图书馆不等于图书馆特色化

特色图书馆是指有"特色"的图书馆，是独特的而不是普通的图书馆；图书馆特色化是指普通图书馆具有某方面的特色。因此，特色图书馆是全国或全球数量极少的个别化图书馆；图书馆特色化则是图书馆为了更好地为公众服务，追求在某一方面的特色化建设，所有的图书馆都能够而且应当力所能及的"特色化"。

4. 特色图书馆相对普通图书馆而存在

多元经济、多元文化，必然要求多元的图书馆。社会分工向专业化方向发展，公民对图书馆需求日益多样化。图书馆类型，在不同国家、不同时间和不同情况下有不同的划分方法，一般以如下标准来划分图书馆类型：按隶属关系、按藏书成分、按读者对象、按主要任务、按所有制等。但特色图书馆不是按这些标准划分的，而是以图书馆的功能与作用为标准划分为具有普通功能与作用的普通图书馆和超常规功能与作用的特色图书馆。特色图书馆是一个"独立""独特"的图书馆，用"特殊图书馆"或"特别图书馆"称谓或许更为恰当。普通图书馆，尤其是公共图书馆，是保障公民平等地享受教育权利的公益性组织，因而不可避免地存在"千馆一面"的现象；特色图书馆是以特定服务对象为目标，因此拥有独特的馆藏、服务对象和服务方式，特色图书馆永远不可能也不应当代替普通图书馆。

特色藏书与特色服务是特色图书馆工作的核心。藏书之特殊主要表现在它系统、全面地收藏特定学科（主题、领域）的文献信息，做到一新二用三适用。它强调文献信息类型的齐全，注意各种载体的收藏。尤其是为了配合科研、生产实验，它在收集文献资料的同时，还要求对相关实物的收藏。

服务之特殊主要表现在要突破传统服务模式、服务范围，要取得独特的服务效果。这种服务除了通常的借借还还、定题服务、跟踪服务、参考咨询之外，还要求视其条件与需要，参与其中，与科研、生产融为一体，如医药图书馆可同时设立医疗门诊、医疗咨询点等。通过利用图书资料与实际运用相结合，进行研究实验，这种服务在某种程度上已不是为他人做嫁衣，而是在为自己服务，因此，它应该是更加主动地服务。

特色服务需要专门人才，也为专门人才的培养提供了机遇和环境。专门人才的培养导致服务方式的改变，服务水平的提高。图书馆的"特"，服务对象的"广"，藏书的"精"，人才的"专"，成效的"显"，互为因果，互相促进。从外界讲，它们可以丰富读者对公共图书馆的认识，增强读者对图书馆服务的信心，从而扩大对图书馆凝聚力的影响。

（四）图书馆教育职能的体现——远程教育

教育职能是社会赋予图书馆的基本职能。学校教育只能伴随人生的某一阶段，而图书馆提供的教育则可以贯穿人生的每一个驿站。在21世纪的今天，面对知识经济的时代，面对急需终身教育的学习型社会，面对与"信息社会"具有同等含义的"网络社会"的出现，面对我国教育资源的短缺，必须大力兴办现代网络远程教育。图书馆应该肩负起历史的使命，抓住这一有利时机，扩展图书馆的教育职能，大力开展现代远程教育，带动图书馆网络化、数字化建设，以求在信息社会中占据举足轻重的位置。

治学离不开图书馆，现代网络远程教育的实质是教育者与被教育者之间的知识传递和信息交换，其成功取决于教材、学习辅导材料、传递和交流手段以及技术应用等。对此，图书馆与远程教育不谋而合，它在资源、技术、设备、场所上有着得天独厚的优势，其前景是令人鼓舞的。

1. 现代图书馆在远程教育中的作用

长期以来，图书馆对大量的文献资料进行收集、整理和存储，将知识和信息组织化和有序化，形成了丰富而有特色的文献信息资源，这是其他的社会机构所不能比拟的。这是一方面。另一方面，虽然在网上能获得的用于远程教育的文献和信息越来越多，但由于网上信息来源复杂多样，有价值和无价值的资源混杂在一起，真实性和可靠性无法保证，而且网上信息组织化程度不高，基本上处于一种无序化状态，对于那些没有学习过信息检索的人来说，想要准确快捷地检索到所需的信息，反而是越来越难了。而传统图书馆的职能之一就是对知识及信息进行组织和整序，因此图书馆不但能合理地筛选和组织网上的信息，而且能对信息用户进行检索能力的培训。基于以上两个原因，图书馆必然成为信息交流和传递的中心所在，成为远程教育中的重要支撑体系，对推动我国教育及信息化进程起到相当积极和重要的作用。图书馆在远程教育中应起到如下几方面作用：

首先，是信息的组织和整序。我们知道能够成为远程教育信息资源的有三种：一是本馆的馆藏信息。二是利用资源共享，共享到其他大学图书馆的数据库。三是互联网上的所有信息。图书馆应当用科学的方法和技术组织这些信息资源，尽快地从大量信息资源中收集和筛选出对用户最有价值的信息，把无效的知识排除掉，使其成为真正的资源，并使之有序化，充分为用户所用。

其次，现代图书馆在远程教育中还可以提供信息服务、文献及信息的发送、创建本馆的主页进行服务、聘请学科权威开展在线讲座和在线咨询、开展有特色的网络导航服务。

2. 对信息用户进行信息素质的培养

对于部分信息用户来讲，网络还是一个相当新的环境，要达到自如地运用检索工具，查找特定内容还存在着一定的困难。因此，必须对信息用户进行信息素质教育，使其掌握网络信息的知识，基本的检索、选择、评估方法和技巧，以及常用的信息资源，使其既要知道信息资源的所在，又要知道如何去获取。

3. 图书馆远程教育面临的问题

远程教育的技术性引发的图书馆自动化问题。图书馆的远程教育要求图书馆必须实现自动化。图书馆的自动化可划分为数据库建设和网络建设。数据库建设首先应当注意要先用一套功能先进又经济的数据库建设软件，其次应当注意图书馆员在建库时不应只求速度不重质量，一定要把数据库建得规范化和标准化。网络建设离不开高性能的硬件设备和传输速率高而收费低的通信线路。而在我国目前情况正好相反，是上网交费高而传输速率低。因此，我们应当争取更多的资金支持，加大对图书馆网络系统建设的力度。

图书馆远程教育的开放性引发的知识产权问题。远程教育和文献资料的数字化已经成了未来发展的必然趋势，可是以数字化为核心的信息技术都对知识产权制度提出了严峻的挑战。图书馆远程教育过程中涉及知识产权的大致有两方面：一方面是图书馆对文献资料进行数字化，事实上是一种对作品的复制行为，既然数字化属于复制行为，那么归属图书馆在复制时就应得到著作权人的允许。因此，图书馆在制作数据库时应处理好与其版权所有者的关系。另一方面，图书馆建立起数据库之后，也应注意其他人或机构非法利用图书馆的数据进行商业活动。但是，我国著作权法及实施条件中尚未对数据库问题做出专门规定，由于世界各国在数据库问题上利益不同，意见也不一致。因此，高新技术尤其是数字化技术已经使知识产权陷入了前所未有的复杂关系中。值得期待的是在国家自然科学基金项目"高新技术知识产权保护及其对传统知识产权制度的影响"的研究中，建立知识产权与社会公共利益，包括知识产权与图书馆、公共信息机构、教育与社会公众之间的利益平衡问题已被当作重点研究的目标。

　　服务是图书馆存在的理由，而服务质量的提高则需要不断地创新。我们要用"一切为了读者"的服务理念，用网络化、数字化、个性化、国际化的发展理念来重新审视图书馆现有的服务理念、服务内容、服务布局、服务流程、服务方式、服务设施、服务戒律、服务行为、服务形象。我们在日常工作过程中应多问一下为什么这样做或必须这样做，多思考一下目前这样做是否以读者为本，是否方便读者，是否能够满足读者的需求，是否能够引领读者走向未来。这种思维角度的转换和创新，必然会给我们许多有益的启示和发展的动力。

第四章 高校图书馆服务工作体系的构建

第一节 高校图书馆服务标准的要素

一、调查数据的质量分析

对高校图书馆服务标准体系的实证研究主要通过对调查数据进行统计分析来实现,具体采用因子分析法对服务标准所包含的要素进行聚类,从而构建服务标准体系。因子分析法是通过统计,精简变量来描述观察变量,尽量减少信息损耗,从而提供理论假设。因子分析的主要目的是简化数据并求取基本结构,将门类繁多的变量归并为因子,达到化繁为简的目的。本书利用因子分析法的这一功能对高校图书馆服务标准各要素进行归并,综合形成了高校图书馆服务标准的体系。

(一)描述性统计

为确保后续统计分析的可信性,作者通过描述性统计分析对样本数据进行了初步的质量分析。也就是通过对量表中各个题项的统计数据进行描述,初步判断数据的分布情况。表4-1展现了55个题项的基本统计量(主要包括均值、标准差、偏度、峰度和极值等)。描述统计结果显示,55个题项的偏度绝对值均小于2，峰度绝对值均小于4。根据偏度值小于3、峰度值小于10就可以判断数据呈现正态分布的规律，由此可以判断，本量表题项的得分值服从正态分布，可以进行下一步的分析。

表 4-1 描述性统计值[①]

变量	N	极小值	极大值	均值	标准差	偏度	峰度
服务对象	310	1	5	4.55	0.81	−1.966	3.63
用地	310	1	5	3.65	1.032	−0.314	−0.548
房屋建筑	310	1	5	3.8	0.945	−0.347	0.589
空间布局	310	1	5	4.14	0.906	−1.02	0.853
设备	310	1	5	4.32	0.799	−1.214	1.628
环境	310	1	5	4.21	0.794	−0.816	0.435
标识	310	1	5	3.97	0.929	−0.649	−0.075
检索系统	310	1	5	4.56	0.698	−1.689	3.05
网站	310	1	5	4.51	0.723	−1.598	2.758
个性化系统	310	1	5	4.03	0.899	−0.75	0.254
软件程序	310	1	5	3.88	0.928	−0.526	0.209
信息资源的来源	310	1	5	4.17	0.904	−1.038	0.743
信息资源的范围	310	1	5	4.25	0.826	−1.267	2.151
信息资源的类型	310	1	5	4.17	0.846	−0.94	0.739
信息资源的数量	310	2	5	4.33	0.751	0.985	0.664
经费来源	310	1	5	4.15	1.006	−1.122	0.569
经费数额	310	1	5	4.39	0.832	−1.388	1.5
经费使用	310	1	5	4.39	0.8	−1.355	1.655
人员构成	310	1	5	4.29	0.805	−1.106	1.064

① 吴保根，朱达辉，胡琳. 大学科技园知识创新研究 [M]. 上海：复旦大学出版社，2020.

续表

变量	N	极小值	极大值	均值	标准差	偏度	峰度
人员数量	310	2	5	3.85	0.851	0.275	−0.613
人员结构	310	1	5	4.24	0.797	−1.034	1.085
人员配备	310	1	5	4.2	0.753	−0.846	0.973
馆员招聘和选拔	310	2	5	4.26	0.788	−0.858	0.187
馆员资质	310	2	5	4.26	0.791	−0.889	0.297
馆员教育与培训	310	1	5	4.41	0.722	−1.266	2
考评机制	310	1	5	4.19	0.811	−1.088	1.675
薪酬体系	310	1	5	4.32	0.74	−1.07	1.456
提拔和晋升	310	1	5	4.23	0.805	−1.032	1.24
职业道德	310	1	5	4.53	0.7	−1.661	3.327
职业素养	310	1	5	4.47	0.718	−1.361	1.934
职业规范	310	2	5	4.4	0.711	0.909	0.134
服务纪律	310	2	5	4.37	0.738	−0.997	0.547
服务态度	310	2	5	4.2	0.83	0.826	0.063
服务技能	310	1	5	4.41	0.765	−1.45	2.603
部门职责	310	1	5	4.36	0.778	−1.259	1.85
业务规章	310	1	5	4.22	0.814	−1.105	1.633
服务流程	310	1	5	4.2	0.826	−0.969	0.917
服务体系	310	1	5	3.92	0.934	−0.718	0.278
服务方式	310	1	5	4.04	0.922	−0.993	1.004
服务内容	310	1	5	4.21	0.899	−1.265	1.772
读者需求调查	310	1	5	4.29	0.855	−1.346	2.18
服务理念	310	1	5	3.57	1.03	−0.406	−0.339
服务承诺	310	1	5	3.85	0.917	−0.531	−0.124

续表

变量	N	极小值	极大值	均值	标准差	偏度	峰度
服务宣传	310	1	5	4.1	0.832	−0.732	0.386
服务监督	310	1	5	4.13	0.848	−0.82	0.465
服务沟通	310	1	5	4.17	0.844	−1.114	1.625
服务改进	310	1	5	4.22	0.811	−0.971	0.989
服务补救	310	1	5	4.09	0.826	−0.788	0.626
服务统计	310	1	5	4.11	0.86	−0.89	0.91
读者规范	310	1	5	4.12	0.874	0.902	0.815
读者行为分析	310	1	5	4.19	0.851	−1.104	1.482
读者关系管理	310	1	5	4.07	0.905	0.99	1.103
服务效率	310	1	5	4.26	0.799	−0.92	0.55
读者满意度调查	310	1	5	4.26	0.812	−0.987	0.684
服务质量评价	310	1	5	4.35	0.765	−1.355	2.695

（二）因子负荷量分析

对于样本数据，还需要对其因子负荷量共同性进行计算，以进一步确认各个因子的合理性。主要通过对所有题项只抽取一个因子的因子分析，从而得到每个题项的因子负荷量。因子负荷量主要表示题项与因子关系的程度，题项在共同因子的因子负荷量越高，表示题项与共同因子的关系越密切，反之，若题项在共同因子中的因子负荷量越低，表示题项与共同因子的关系越不密切。吴明隆提出若因子负荷量小于 0.2，则该因子与题项关联程度不大，则考虑删除该题项。[①]根据统计结果显示，量表的 55 个题项，其因子负荷量均大于 0.2（表 4-2），因子与题项的关系紧密，可在这些题项基础上开展因子分析。

---

① 吴明隆. 结构方程模型 Amos 实务进阶 [M]. 重庆：重庆大学出版社，2013.

表 4-2　因子负荷量[①]

题项	因子负荷量	题项	因子负荷量
服务对象	0.307	职业道德	0.597
用地	0.374	职业素养	0.653
房屋建筑	0.424	职业规范	0.652
空间布局	0.417	服务纪律	0.619
设备	0.455	服务态度	0.66
环境	0.485	服务技能	0.659
标识	0.474	部门职责	0.654
检索系统	0.541	业务规章	0.665
网站	0.578	服务流程	0.625
个性化系统	0.53	服务体系	0.659
软件程序	0.528	服务方式	0.675
信息资源的来源	0.546	服务内容	0.664
信息资源的范围	0.633	读者需求调查	0.633
信息资源的类型	0.621	服务理念	0.533
信息资源的数量	0.589	服务承诺	0.685
经费来源	0.531	服务宣传	0.659
经费数额	0.577	服务监督	0.732
经费使用	0.575	服务沟通	0.76
人员构成	0.624	服务改进	0.682
人员数量	0.478	服务补救	0.747
人员结构	0.625	服务统计	0.706
人员配备	0.632	读者规范	0.681

① 吴明隆.结构方程模型 Amos 实务进阶 [M].重庆：重庆大学出版社，2013.

续表

题项	因子负荷量	题项	因子负荷量
馆员招聘和选拔	0.562	读者行为分析	0.652
馆员资质	0.636	读者关系管理	0.65
馆员教育与培训	0.637	服务效率	0.618
考评机制	0.675	读者满意度调查	0.703
薪酬体系	0.542	服务质量评价	0.688
提拔和晋升	0.525		

（三）信效度检验

描述统计后，还需对数据进行信度分析。信度也称为可靠度，主要表现检验结果的一致性，是检验被测特征真实程度的重要指标。由于本书的量表采用的是李克特量表，李克特量表常用的信度检验方法为克隆巴赫系数值（Cronbach's α）。克隆巴赫系数 α 主要用于表示不同题项之间彼此互相相关程度的函数。一般在因子分析研究时，信度系数的最低要求标准是 0.5 以上，最好能大于 0.7。通常认为，任何测量或量表的信度系数如果在 0.9 以上，则表示测量或量表的信度甚佳。作者对整个量表中的题项进行了信度检验，见表 4-3。结果表明，量表的 55 个题项的克隆巴赫系数 α 为 0.967，表示量表中各个题项的内部一致性好，信度理想，十分适合进行因子研究。

表 4-3 克隆巴赫系数值系数 [①]

可靠性统计量		
克隆巴赫系数值	基于标准化项的克隆巴赫系数值	项数
0.967	0.967	55

① 孙祥. 大学生就业区域流向影响因素研究 [M]. 合肥：合肥工业大学出版社, 2011.

效度也称为有效性，表示一份量表所能真正测量到的该量表所要测量的能力的程度，用以检验问卷是否能达到研究者的测量目的。问卷的效度首先体现为其内容的有效性，由相关专家人为主观地判断，本书的问卷在设计过程中通过预测试进行了调整，并广泛征求了多位专家学者的意见和建议进行修改，从而尽量保证了问卷内容的有效性。问卷的效度其次体现为构建效度，将在因子分析部分详细阐述。

二、因子分析

（一）KMO 与巴特利特球形检验

通过将多变量进行降维处理，因子分析可以实现对原始变量的分解，按照一定的提取方法，从原始变量中归纳出潜在的类别，相关性高的指标或变量归为一类，而不同类之间的相关性则相对比较低，每一类变量代表一个共同因子。用以控制所有变量的公因子表示原来变量的主要信息。变量之间的存在相关性是数据采用因子分析方法的基础，本书采用 KMO（Kaiser-Meyer-Olkin）样本测度和巴特利特（Bartlett）球形检验两种相关性检验方法。

KMO 值用以研究变量间的相关性，比较变量间的简单相关系数和偏相关系数的相对大小，变化范围在 0～1。KMO 值越接近于 1，意味着变量间的相关性越强，原有变量越适合做因子分析；KMO 值越接近于 0，意味着变量间的相关性越弱，原有变量越不适合做因子分析。采用 KMO 值判断是否适宜开展因子分析的常用标准为凯泽提出的标准：KMO 值达到 0.90 以上为极佳的情况，表示非常适合因子分析；0.90 至 0.80 区间为良好的情况，表示很适合因子分析；0.80 至 0.70 区间为中度的情况，表示适合采用因子分析；0.70 至 0.60 区间为平庸的情况，表示不太适合因子分析；0.60 至 0.50 区间为可悲的情况，表示基本不适合因子分析；0.5以下则无法接受，表示根本不适合因子分析。[1]

巴特利特球形检验则从整个相关系数矩阵考虑，其零假设相关系数矩阵为"对角线的所有元素均为1，所有非对角线上的元素均为零"的单位矩阵，用常规假设检验判断相关系数矩阵的行列式是否显著于零。如果该值较大，且其对应的相伴概率值小于指定的显著水平时，拒绝零假设，表明相关系数矩阵不是单位阵，原有变量之间存在相关性，适合进行因子分析；反之，零假设成立，则原有变量之间不存在相关性，数据不适合进行因子分析。表4-4显示了本次调研样本数据的KMO与巴特利特球形检验结果的情况。

表4-4　KMO和巴特利特球形检验[2]

取样足够度的KMO度量		0.929
巴特利特球形检验	近似卡方	12 559.729
	df	1 485
	Sig.	0

KMO值为0.929，说明很适合采用因子分析法。巴特利特球形检验的Sig值为0.000，小于0.05，达到了显著水平，说明数据具有相关性，适合采用因子分析法。

（二）因子提取

因子提取是通过统计分析，从测量变量中萃取具有共同特征的因素。在以上效度检验的基础上，本书采用主成分方法，采用特征值（eigenvalue）大于1的标准。由表4-5可以看出，提取公因子前后各因子的特征值和累积

---

[1] 王浩宇.中学生媒介素养调查问卷编制研究[J].教育观察，2017(20)：7-8.
[2] 王浩宇.中学生媒介素养调查问卷编制研究[J].教育观察，2017(20)：7-8.

百分比，第一个公因子特征值为20.1314，占特征值总和的比例为36.935%，累积百分比例为36.935%，第二个公因子特征值为3.924，占特征值总和的比例为7.134%，累积百分比例为44.069%，依此类推，发现经过因子分析共得到11个特征值大于1的因子，它们的累计贡献率达到了69.625%。也就是说，用这11个公因子可以概括原始55个变量所包含的近七成的信息。因此，11个公因子能够较好地描述高校图书馆服务标准的因素。①

表4-5 解释的总方差②

成分	合计	方差/%	累积/%	成分	合计	方差/%	累积/%
1	20.314	36.935	36.935	19	0.608	1.106	80.914
2	3.924	7.134	44.069	20	0.601	1.093	82.007
3	2.48	4.509	48.578	21	0.595	1.081	83.088
4	2.2	4	52.578	22	0.543	0.987	84.076
5	1.839	3.344	55.922	23	0.511	0.929	85.005
6	1.588	2.887	58.809	24	0.49	0.891	85.896
7	1.396	2.539	61.347	25	0.463	0.841	86.737
8	1.229	2.234	63.581	26	0.449	0.816	87.553
9	1.187	2.157	65.738	27	0.439	0.797	88.35
10	1.085	1.972	67.71	28	0.412	0.749	89.099
11	1.053	1.915	69.625	29	0.391	0.712	89.81
12	0.952	1.732	71.357	30	0.377	0.686	90.497
13	0.913	1.66	73.017	31	0.358	0.65	91.147

① 哈利·M.马科维兹..资产组合选择和资本市场的均值—方差分析[M].朱菁，欧阳向军，译.上海：上海人民出版社，2006.
② 哈利·M.马科维兹..资产组合选择和资本市场的均值—方差分析[M].朱菁，欧阳向军，译.上海：上海人民出版社，2006.

续表

成分	合计	方差 /%	累积 /%	成分	合计	方差 /%	累积 /%
14	0.855	1.554	74.571	32	0.346	0.628	91.775
15	0.799	1.4527	76.023	33	0.317	0.576	92.351
16	0.756	1.374	77.397	34	0.316	0.574	92.925
17	0.685	1.246	78.643	35	0.286	0.521	93.446
18	0.641	1.166	79.809	36	0.277	0.504	93.95
37	0.259	0.472	94.422	47	0.167	0.304	98.211
38	0.257	0.468	94.89	48	0.155	0.281	98.493
39	0.253	0.46	95.35	49	0.146	0.265	98.757
40	0.233	0.424	95.774	50	0.135	0.246	99.003
41	0.223	0.406	96.18	51	0.135	0.246	99.249
42	0.214	0.388	96.568	52	0.126	0.23	99.479
43	0.193	0.35	96.919	53	0.107	0.194	99.673
44	0.185	0.337	97.255	54	0.093	0.169	99.841
45	0.181	0.329	97.585	55	0.087	0.159	100
46	0.177	0.323	97.907				

碎石图又称陡坡图，能够直观清楚地展现各因子复合系数的偏向情况，用以协助决定因子的个数。

对因子分析所得的因子载荷矩阵，通过因子旋转使公因子的负载向 ±1 或 0 靠近，帮助萃取公因子。因子聚类对高校图书馆服务标准的 55 个要素进行了重新组织和划分，一共聚集形成了十一个类型。通过识别这些公因子，可以形成对高校图书馆服务标准体系的基本认识。

第二节　高校图书馆服务标准的体系结构

通过上一节的因子分析，高校图书馆服务标准的因素被归纳为十一个公因子，这十一个公因子，可以解释高校图书馆服务标准的55个要素。本节对这十一个公因子命名，并在此基础上通过分析和综合，对其进行主题归类，从而构建起高校图书馆服务标准体系。

在对公因子命名时，通过以该类因子所体现出的总体特征进行命名。第一个公因子包含的要素有：读者关系管理、读者行为分析、读者满意度调查、服务质量评价、读者规范、读者需求调查、服务效率、服务承诺、服务理念，将该公因子命名为"服务质量"。

第二个公因子包含的要素有：服务纪律、服务态度、职业规范、职业素养、服务技能、部门职责、职业道德、业务规章，将该公因子命名为"服务岗位与规章制度"。

第三个公因子包含的要素有：房屋建筑、空间布局、用地、设备、标识、环境，将该公因子命名为"设施设备"。

第四个公因子包含的要素有：提拔和晋升、薪酬体系、考评机制、馆员教育与培训、馆员招聘和选拔、馆员资质，将该公因子命名为"馆员职业发展"。

第五个公因子包含的要素有：信息资源的来源、信息资源的范围、信息资源的类型、信息资源的数量，将该公因子命名为"信息资源"。

第六个公因子包含的要素有：服务改进、服务监督、服务沟通、服务补救、服务宣传、服务统计，将该公因子命名为"服务推广与监督"。

第七个公因子包含的要素有：人员数量、人员结构、人员配备、人员构成，将该公因子命名为"人员"。

第八个公因子包含的要素有：服务体系、服务方式、服务内容，将该公因子命名为"服务设计"。

第九个公因子包含的要素有：检索系统、网站、服务对象，考虑到这三个要素主要反映的是图书馆用户（即服务对象）在使用图书馆时的交互界面（即检索系统和网站），因此将该公因子命名为"服务交互"，用以体现用户与图书馆之间的交互、接触。

第十个公因子包含的要素有：经费使用、经费来源、经费数额，将该公因子命名为"服务经费"。

第十一个公因子包含的要素有：个性化系统、软件程序、服务流程，考虑到个性化系统和软件程序是关于用户使用图书馆服务过程中需要的平台，故将该公因子命名为"服务平台与流程"。

上述十一个公因子的命名见表4-6。

表4-6 公因子命名及主题分析[①]

公因子	载荷变量	因子命名	主题
1	读者关系管理、读者行为分析、读者满意度调查、服务质量评价、读者规范、读者需求调查、服务效率、服务承诺、服务理念	服务质量	服务质量
2	服务纪律、服务态度、职业规范、职业素养、服务技能、部门职责、职业道德、业务规章	服务岗位与规章制度	服务管理
3	房屋建筑、空间布局、用地、设备、标识、环境	设施设备	设施设备

---

① 李裕伟,赵精满,李晨阳.基于GMS、DSS和GIS的潜在矿产资源评价方法 上[M].北京：地震出版社,2007.

续表

公因子	载荷变量	因子命名	主题
4	提拔和晋升、薪酬体系、考评机制、馆员教育与培训、馆员招聘和选拔、馆员资质	馆员职业发展	人力资源
5	信息资源的来源、信息资源的范围、信息资源的类型、信息资源的数量	信息资源	信息资源
6	服务改进、服务监督、服务沟通、服务补救、服务宣传、服务统计	服务推广与监督	服务管理
7	人员数量、人员结构、人员配备、人员构成	人员	人力资源
8	服务体系、服务方式、服务内容	服务设计	服务过程
9	检索系统、网站、服务对象	服务交互	服务过程
10	经费使用、经费来源、经费数额	服务经费	服务管理
11	个性化系统、软件程序、服务流程	服务平台与流程	服务过程

进一步分析这十一个公因子，公因子一构成"服务质量"主题，体现了为满足图书馆服务质量建立的各项要求而设立的标准和要求，以及相关的方法和手段。公因子三构成"设施设备"主题，反映了实现图书馆服务所必需的建筑、设备等基础条件，只有按标准要求建立基础条件，才能为用户提供标准化规范化的图书馆环境，增强服务能力。公因子五构成"信息资源"主题，体现了对图书馆服务赖以实现的最重要因素的重视，按标准要求建设高校图书馆信息资源，能够保障为高校的教学科研提供优质服务。公因子二"服务岗位与规章制度"、公因子六"服务推广与监督"和公因子十"服务经费"都是服务管理的重要事项，它们共同构成"服务管理"主题，体现出对图书馆服务质量从岗位、规章制度方面进行的管控，以及对服务过程中的关键环节和相关因素进行管理和控制。公因子四"馆员职业发展"和公因子七"人员"都是有关图书馆人力资源问题的，它们共同构成"人力资源"主题，表明了对图书馆从业者的重视，这种重视不仅体现在人员的工作安排方面，还体现

在对馆员发展的关注上,以馆员的发展促进图书馆服务的发展。公因子八"服务设计"、公因子九"服务交互"、公因子十一"服务平台与流程"共同构成"服务过程"主题,高校图书馆服务要重视服务的科学设计、重视用户与图书馆的接触面和交互平台,规范服务流程,从而明确整个服务体系,优化图书馆的整体服务。通过对公因子的主题分析和归并,高校图书馆服务标准体系的主题包括设施设备、信息资源、人力资源、服务过程、服务管理、服务质量等。

至此,本书通过图书馆服务标准体系的研究,在文献综述和理论分析基础上构建了图书馆服务标准基本结构(服务条件、服务过程、服务管理、服务质量),并在调查和实证分析基础上形成了六大主题结构(设施设备、信息资源、人力资源、服务过程、服务管理、服务质量)。将它们进行对照可以发现,因子分析所得的高校图书馆服务标准体系框架更为详细,共包含六个主题,主题"设施设备、信息资源、人力资源"对应于图书馆服务标准基本结构的"服务条件",其他三个主题则分别与基本结构的内容对应(如图4-1所示)。这表明,通过实证得出的高校图书馆服务标准体系的主题能够较好地验证图书馆服务标准体系基本结构,并且在一定程度上证明了本书提出的图书馆服务标准基本结构的正确性。通过研究,高校图书馆服务标准的体系框架在图书馆服务标准基本结构的四个主题基础上演绎为六个主题,具体包括55个要素。

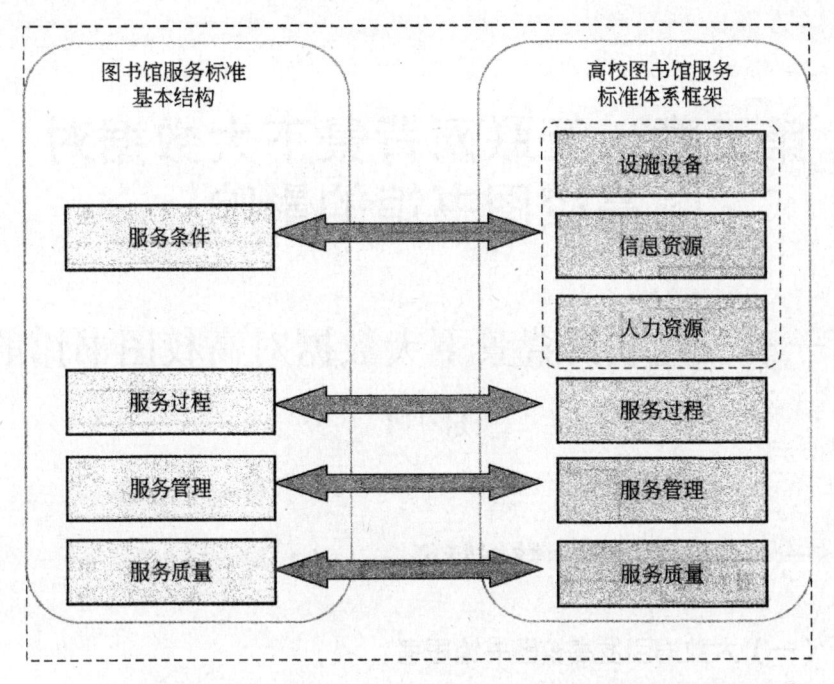

图 4-1 图书馆服务标准基本结构与高校图书馆服务标准体系框架对照[1]

---

[1] 李健. 高校图书馆服务标准体系研究 [M]. 北京：科学出版社，2017.

第五章　互联网背景下大数据对高校图书馆的影响

第一节　互联网背景下大数据对高校图书馆的影响

一、高校图书馆大数据特征

（一）大数据引发高校图书馆思考

1. 高校图书馆海量数据

高校图书馆本身拥有很多纸本资源，但随着信息化建设的发展，大量的数字资源，如电子图书、期刊、数据、网络资源进入高校图书馆。智能手机、平板电脑等移动终端的普及使读者不受时空限制即可获取知识，随之而来的是高校图书馆的移动客户端、WAP网站、数字图书馆等如雨后春笋般涌现，使用户的数据量爆发增长。面对如此海量的数据，高校图书馆应主要分析、挖掘用户的借阅记录、查询日志、社交活动、移动终端使用记录等各类半结构化数据，因为这些数据中包含了很多隐性价值，对改善服务方案、提高服务效率、开展个性化服务有很大的帮助。

2. 高校图书馆读者流失

随着各种新信息技术的不断发展，网上数据库、网上书城以及公开免费的网上图书资源充斥着互联网,这给传统的高校图书馆带来了压力,使读者流失现象日益严重。而大数据为高校图书馆解决这一问题提供了新的思路。高校图书馆可以借助大数据技术对读者需求数据(包括借阅记录、咨询记录、荐购记录等)进行分析,不仅可以了解读者的信息行为、需求意愿及知识运用能力,还可以深度挖掘读者在交互型知识服务过程中的潜在需求,从而有针对性地开展服务并吸引读者,以应对生存危机,同时利用读者不断增长的信息需求促使高校图书馆的拓展服务持续延伸和完善。

3. 高校图书馆大数据应用

高校图书馆的核心价值就是为学生、为教师服务,教师的科研成果、学生的论文成果在某种程度上代表着高校的教学、科研水平。图书馆只有了解师生的需求,掌握其阅读习惯,才能有针对性地为其提供优质服务,进而提升整个学校的科研水平。高校图书馆要充分利用大数据技术和大数据思维,发现潜在价值信息,为师生提供高效、智慧的服务,这是未来高校图书馆发展的方向。

首先,高校图书馆应用大数据具有现实可行性。教师、学生在使用图书馆时会留下使用痕迹、用户行为日志等,这就形成了很多有价值的数据。其次,高校作为科研重地,对新技术、新思想的敏感性很强,在高校图书馆中使用大数据技术并不是什么难题。最后,大数据技术不是一项具体的技术,而是数据采集、数据存取、数据处理、数据挖掘等技术的整合,这些技术相对来说已经很成熟。高校图书馆面对新技术、新思维的冲击,要及时抓住发展契机,转变服务模式,实现可持续发展。

4. 高校图书馆隐私保护

大数据是一把"双刃剑",它涉及隐私问题,包括用户姓名、邮箱、电话号码等，具有关联性和累计性，一旦信息泄露、滥用，将对用户造成极大危害。高校图书馆存在大量的读者数据，如用户查询记录、用户借阅数据及手机客户端访问日志等。图书馆为了改善服务方式，提供优质服务，需要对这些数据进行分析，通过数据挖掘、知识发现等技术，了解用户阅读行为。另外，这些数据除了用于记录读者的个人信息外，还隐藏着许多重要信息，如电话号码、邮箱、行为记录、社交网络信息等。高校图书馆应高度重视读者隐私，树立高尚的职业操守，在正当、合法的范围内使用读者数据。

（二）高校图书馆拥有的大数据

高校图书馆大数据的来源也呈多样化特征，除了传统的电子图书、期刊、论文数据库等结构化数据资源外，还包括以下大量的非结构化信息资源：

1. 智能设备数据

像 RFID 数据信息，装有 RFID 图书的信息，可以自动实现资源的跟踪和分析；像门禁系统，保留有大量读者的进馆出馆信息，可以帮助我们根据读者的来馆时间，做好相应的人员配备，提供更好的服务。

2. 物联网数据

可以通过在图书馆不同位置或环境中放置传感器，来对所处的环境和资源进行数据采集，通过长时间积累，能够产生巨大的数据量，有助于我们分析图书馆的使用情况，优化资源配置。

3. 互联网数据

随着社交网站的普及应用，这部分数据的产生速度已经超过以往任何一个传播媒介，由于参与用户众多，且数据中包含用户丰富的情感特征，是图书馆服务的一大评价指标来源。另外像 OPAC 读者的检索记录、数据库读者的访问记录等一些用户行为数据，也包含着读者丰富的信息，是图书馆大数据的重要组成部分。

4.科研数据共享

高校图书馆作为一个科研服务中心，需要构建科研数据共享平台。科研数据是指数字形式的研究数据，包括在研究过程中产生的能存贮在计算机上的任何数据，也包括能转换成数字形式的非数字形式数据，如调研结果、神经图像、实验数据、传感器读取的数据、遥感勘测数据、来自测试模型的仿真数据等。科研数据是研究过程中重要的研究成果，包含着巨大的研究价值。长期以来，高校虽然有丰富的科研数据，但是往往局限于本课题组、本单位使用，没有经过有效地整理和建库共享，这造成了科技资源的极大浪费。因此，科研共享数据是图书馆需要重点收集的一个大数据来源。

5.移动互联数据

随着高校移动图书馆的普及，图书馆可以利用移动互联技术，获取大量读者访问数据，从而分析读者的使用习惯、阅读倾向等，进而帮助我们开展有效地分析并预测其知识服务需求。

（三）高校图书馆具有大数据特征

随着图书信息资源的不断发展，读者对于图书馆的要求也越来越高，在大数据时代，图书馆开始具有大数据特征。

第一，图书馆的数据资源既有一些基本的文献资源、光盘数据资源、网络资源等，也有一部分读者信息和提供服务的信息，还有图书馆自身发展的数据信息，这些数据在编码和格式上都无法在内部达成统一，从而形成了大量的异构数据。

第二，图书馆的数据资源每天都在增长，全国图书馆数字资源总量是一个庞大的数据集。图书馆必须要根据用户的服务信息等数据做出相应的服务策略转变，对大量数据的分析与潜在价值挖掘显得十分重要。

第三，图书馆一些新兴服务方式的出现，如24小时服务、其他网络服务等，增加了用户的数据信息，要对这些数据进行挖掘和整理需要一些限定的条件和环境。虽然图书馆已经进入了一个发展比较迅速的阶段，数据库的记载与统计也达到了新的水平，但是这些数据还需要进行异构处理，找出新型服务方式。

二、互联网+大数据对高校图书馆的价值体现

大数据的价值在于可以通过人工智能、计算机科学、数字统计、信息技术等多个交叉学科的大数据技术的应用来挖掘找到隐藏在大数据背后的世界。目前高校图书馆利用大数据的价值主要包括以下几方面：

（一）高校图书馆利用大数据的价值

1. 为资源采购提供决策支持

通过读者使用资源的交互数据，像图书浏览记录、借还记录、数据库访问记录、下载记录等，可以有效地评估读者对各种资源的使用情况，通过较集中的访问历史可以预测读者关注的热点，从而为资源采购部门提供决策支持，对需求大的未购买资源增加订购，而使用率不高的资源可以减少或取消订购，从而让有限的资金购买到更适合读者需要的资源。

2. 为读者提供个性化服务

高校图书馆里包含有大量读者个人使用图书馆的记录，通过读者的咨询记录、借阅记录、数据库访问记录、检索记录、下载记录等用户使用图书馆资源的所有足迹，同时结合读者的专业，及其教务部门提供的个人选课信息、

成绩情况等，可以分析读者的兴趣点、服务诉求、学科需求，从而把适合的资源向其主动推送，为读者提供个性化服务，实现图书馆由被动获取向主动服务的职能转变。通过不断地主动为用户进行探测性的推荐服务，持续性地获取用户的反馈信息，从而对其服务需求进行修正，提高个性化服务的可靠度和精准度。

3. 为学科提供研究方向及热点变化

图书馆可以利用大数据对学科进行聚类分析、热点预测、网络分析、可视化分析、引文分析、知识关联分析等技术构建学科的知识图谱，从宏观上分析相关学科领域的研究方向和热点，为科研人员特别是新进入研究领域的学者，以及面临选题困难的硕士生、博士生大幅度地提高研究、学习和创新的效率，从而让他们可以节约文献调研的时间，了解学科领域的研究进展，确定自己的研究方向。

4. 为科研人员提供学术共享环境

高校科研人员在长期的科研活动中，通过观测、探测、试验、调查等科学手段积累了大量的科学数据，这是高校宝贵的数据财富。图书馆有义务整理这方面的数据，同时利用科研人员相同或类似的资源需求，为相同学科或研究方向的科研人员构建虚拟社区，形成学术交流圈，共享科研数据，创造良好的学术共享环境。

（二）大数据时代高校图书馆定位

大数据的应用将为图书馆大规模数据处理、数据分析、资源整合、开展个性化服务、提升服务能力和服务水平提供新的思路和方案。我国图书界学者已从不同的视角对大数据与图书馆的相关问题如机遇、影响等进行了研究，这对于推动大数据在图书馆的应用、提升图书馆的服务品质有着较大的理论价值和现实意义，同时我们还要关注大数据视角下的图书馆定位及新动向。

1. 图书馆的业务与服务重点应向上游转移

不管是在传统图书馆还是数字图书馆，从资源的利用流向来看，图书馆的业务与服务重点均在下游，即资源的组织、利用与保存。然而在大数据时代，图书馆用户服务并不仅仅依靠结构化数据，如书目资源库、机构知识库、语义化信息等，还可能依靠大量的非结构化数据和半结构化数据，如用户的信息查询行为、阅读习惯等，通过数据挖掘、数据分析等方式为用户提供有针对性的个性化服务。因此，数据的收集、存储、分析、处理将成为图书馆的主要业务，即通过大数据的某些关键技术将海量的复杂数据进行协同处理，再通过数据挖掘、可视化分析等形成具有情报价值和决策参考价值的服务信息提供给用户，以便用户通过图书馆获得准确、及时、有效的信息知识，实现业务与服务的上游转移。

2. 图书馆应成为公共数据存储、处理、分析与服务中心

图书馆特别是公共图书馆作为现代社会公共文化服务的重要组成部分，在文献传播、社会教育、娱乐休闲等方面起着举足轻重的作用，因此加强信息技术的应用，延伸图书馆服务是近年来我国图书馆界的主要建设目标。但随着全社会进入一个以密集型数据的相关分析、处理来推动社会创新发展的大数据时代，同时图书馆服务拓展到了大数据分析、处理领域，图书馆的定位将不只是社会文化服务机构，而是要集社会公共数据存储机构、公共数据分析机构、公共数据处理机构、公共数据服务机构于一身，担负起时代赋予图书馆的更加重要、更加凸显社会存在价值的使命。

3. 图书馆应是一个完整的网络体系

大数据技术对于图书馆的价值所在便是其在用户服务中的应用，目前讨

论最多的是数据分析、数据处理和数据服务，而这些技术的实现则需要充足、大量的数据支持，应既包括用户在图书馆的信息行为数据，又包括在社会场所的数据；既包括在一所图书馆的借阅行为、人际社交等数据，又包括在其他信息机构的此类数据。因此，在大数据时代，图书馆应借助于可能产生对象用户数据的多个图书馆的数据支持，甚至还需要借助包括商业中心、社会服务中心、娱乐中心和工作空间等在内的信息中心的数据支撑。只有图书馆间形成协调工作的有机网络体系，才能真正实现数据的共知共享，最大限度地满足用户需求。

三、大数据在高校图书馆的应用

（一）大数据对高校图书馆的影响

1. 大数据时代高校图书馆面临的挑战

随着现阶段信息技术的发展状况及信息资源的利用需求，如何正视大数据给当前图书馆各个方面带来的冲击及挑战，也是理解什么是"大数据"所必须掌握的内容：

（1）数据量增长所带来的存储能力及计算能力的挑战

在飞速发展的数字信息环境中，数据成本下降促使数据量急剧增长，新的数据源和数据采集技术的出现使得数据类型增多，各种非结构化的数据又增加了大数据的复杂性，但从大数据应用中却可以发现其具有极强挑战性的科学问题及社会问题，而这有助于推动以大数据为基础的科学研究第四范式，从而促进图书馆形成新型知识服务范式，而现有数据中心技术难以满足大数据的应用及知识服务需求，整个知识服务架构的革命性完善势在必行。首先，存储能力的增长远远落后于数据量的增长，设计最合理的分层、分级存储架构已成为信息资源管理及知识服务体系的关键。其次，移动互联网技术的完善，使得数据移动较之以往更加频繁，而数据的移动亦成为信息资源管理最大的开销，这就促使知识管理从传统的数据围绕着计算能力转，转变为计算能力围绕着数据转。最后，高通量计算机、高可靠性、高可扩展性、高可用性的规模、语义、统计及预测性等数据分析技术、新的数据表示方法等都是亟待解决的技术问题。

（2）由传统常规分析向广度、深度分析所带来的挑战

数据分析成为图书馆知识服务体系创新与完善必不可少的支撑点。图书馆不仅需要通过数据了解现在的知识服务过程发生了什么，更需要利用数据对科研创新合作过程及合作交互型知识服务过程将要发生什么进行分析和预测，以便应对图书馆未来所面对的生存危机，在行动上做出一些准备。值得补充的是，这些分析操作除了包括数据关联关系分析、时间序列分析、大规模图分析、社会网络分析及移动平均线分析等广度及深度分析，还包括一些常规分析。

（3）基础设施挑战

数据量及非结构化数据的迅速增加，使得存储及计算规模不得不随之增大，导致其成本急剧上升，出于成本的考虑，越来越多的知识服务机构将开始应用由高端服务器转向中低端硬件构成的大规模计算机集群，从而对支持非结构化数据存储及分析的基础设施提出了很高要求。第一，需要将存储、计算需求分布到为大规模分布式数据密集型应用而设计的基础设施中。第二，需要拥有经济高效的存储与计算能力，足以获取、存储和分析 TB、PB 级别的数据，并拥有足够的智能分析能力来减少数据足迹（如大数据压缩、自动数据分层及重复数据删除等）。第三，需要拥有可快速将分块的大数据

集复制到集群服务器节点进行处理的网络基础设施;第四,需要拥有保护高度分布式基础设施和数据的可信应用体系的软硬件基础设施;第五,作为人力及智力基础设施,技能熟练的图书馆员也是图书馆大数据研究及处理最值得期待的挑战之一。

2. 大数据时代高校图书馆面临的问题

哈佛大学已经将"大数据"的服务引入了图书馆中,并付诸应用。这是一种最具颠覆性及创造性地引进,它使我们看到,在关注每一个具体的图书馆的结构化信息资源需求的同时也可使非结构化数据分析变得可行和经济高效,从而实现知识横向扩展以满足急剧扩张的知识服务需求。作为一个新的尚未开发的信息源,非结构化数据分析可以分析之前很难或无法确定的重要相互关系。而作为图书情报领域一项技术推动的战略,旨在获得更加丰富、深入和更加准确的用户、知识运营者以及知识洞察服务,并最终提高图书馆的核心竞争力,与以往相比,大数据应用可更加快速地做出时间敏感的决策、监控最新知识服务趋势、快速调整方向并抓住新的知识服务机遇。正如数字图书馆、Library2.0、云计算技术出现之初,图书情报界所出现很多质疑声音一样,图书情报领域研究大数据的尝试也不可避免地遇到质疑,为了推动图书情报领域里的大数据技术与提升知识服务能力、降低知识服务成本,有必要对大数据时代,图书馆所面临的问题及机遇进行一些讨论。一方面,在思想观念上,有三个问题值得所有图书情报界人员深入反思和探讨:

①相较于图书馆所拥有的不断增长的数据量而言,图书馆能够分析的数据比例在不断降低,如何充分把握大数据带来的技术优势与数据分析方法,从而有效提高图书馆能够分析的数据比例,加强知识服务的智能辅助决策能力。

②从图书情报领域数据分析和应用的现状而言，现在的图书馆及人员在面对一些"可能是机会的数据"时，并没有清醒的认识，缺乏将数据转换成知识的思想意识及非结构化数据持久化处理及深度分析的技术和解决方案。

③最终的问题应该回到图书馆与人员如何认识、管理和分析其所拥有的各种结构化、半结构化和非结构化数据，如何建立软硬件一体化集成的大数据综合解决方案、数据及知识获取、存储、组织、分析和决策的大数据解决方案。

另一方面，由于对于图书馆及人员而言，大数据技术仍然是一种全新的且未被市场验证和核实的新兴技术，任何一个准备实施大数据计划的图书馆，从技术上都必然会被问道：

①哪些数据应该属于大数据的范畴，并被分析及预测？

②待分析的数量巨大的非结构化的静态和动态数据是否真的具有所需要的价值？人力、物力、财力及发展潜力的投入回报方面是否符合本机构的发展规划？

③非结构化数据缺乏固定结构，受数据来源、类型、时间及空间等因素的影响，非结构化数据呈现不同特征及表现方式，也需要采用不同的数据来获取、存储、组织、分析及决策技术，如何依据本机构自身的数据特性，选择合适的、有针对性的大数据技术也应当成为需要深入探索的话题。

④很多数据的可用周期很短，且属于不同领域、不同时域或不同地域，要怎样将其进行有效地整合、集成及分析？

⑤什么时候以及如何在已有的数据获取、存储、组织、分析和决策流程中加入大数据的支持？

⑥大数据解决方案与传统的信息资源管理、信息服务方式、知识创新模

式、数据存储和分析技术之间的区别及关系是什么？

⑦哪种场景更适合大数据解决方案？

⑧大数据解决方案是进一步完善还是完全取代传统信息资源管理、信息服务方式及信息处理技术？

3. 大数据在高校图书馆的应用

以上都是图书馆在探索和实施大数据解决方案的过程中，无法回避的问题。图书馆对于大数据而言，通常有三种角色：大数据的使用者或受益者、大数据的提供者或开发者以及大数据的运营者或维护者。在前述的情景描述中，可以了解到，当前几乎所有大数据技术及产生的相关服务都可以在图书情报领域得到应用，特别是能够给我们带来如下新型的知识服务帮助：

①可以帮助图书馆建立各类知识服务及业务建设的风险模型。即图书馆的各类风险评估模型，例如数字图书馆信息安全风险评估模型、信息资源采购及应用评估风险模型、图书出版的收益与风险模型、知识产权风险评估模型等，都可以通过大数据分析、预测及智能辅助决策技术建立具有自身机构特色的、科学的及实用的风险模型。

②图书馆用户流失分析及价值分析。联机计算机图书馆中心的相关研究报告指出，价值质疑、技术障碍、人员队伍无法适应未来挑战等重大问题已经严重困扰着图书馆，高校教职工已经逐步弱化了图书馆的存在价值，用户流失异常严重，大数据技术不仅可以通过数据了解用户、行为、意愿、业务需求、知识应用能力及知识服务需求等需要什么，还可以利用数据对用户的科研创新合作过程及合作交互型知识服务过程将要发生什么进行分析和预测，从而应对图书馆未来所面对的生存危机。

③可以帮助图书馆建立新型知识服务引擎。技术引擎是图书馆信息服务

的技术核心，如何利用大数据技术构建图书馆的新型知识服务引擎，将会是未来几年内图书情报领域信息技术研究的主要内容。新型知识服务引擎包括资源及学术搜索引擎、资源及服务推荐引擎、知识服务社区实体（包括用户及资源）行为智能分析引擎、用户知识需求预测引擎，以及多维度信息资源获取、组织、分析及决策引擎等。例如美国Hiptype公司利用大数据分析技术来分析电子书读者的阅读习惯和喜好，这也是国内外图书情报领域首例利用大数据技术来构建知识服务社区实体（包括用户及资源）行为的智能分析引擎。

④可以通过分析资源（包括软硬件资源、网络资源、信息资源、服务资源及知识资源等）的状况来预测可能的故障，或对于资源突然的波动可以帮助图书馆制订相应策略。例如，网络攻击、风暴、垃圾资源过滤、软硬件资源故障、信息服务需求障碍及知识资源波动等。

⑤可以帮助建立更加灵活的、智能的网络化信息资源智能组合方式。图书馆可以灵活、方便地从已有结构化及非结构化数据资源中抓取有用的知识、关系、模式、症状来用于新的知识服务方式。

⑥如前所述，传感器数据是未来大数据的主要来源之一，对图书馆自然环境、人文环境及技术环境数据多维度大数据的智能分析及智能辅助决策，进而实现机构管理、发展及服务的预测、优化和监管。

4.图书馆界有关大数据主要研究热点

随着数据量的飞速增长，对大数据进行获取、存储、组织、分析和决策的基本策略是把大数据的计算推向数据，而不是移动数据。因为在大数据处理过程中数据移动代价过高，在分布式环境中，传统的数据处理方法在不高于TB级别数据处理时可以接受，但面对大数据，其执行时间和执行成本至少会增长几个数量级，特别是在对大量实时数据进行分析，这种移动数据的计算模式是不可取的。

一般情况下，大数据管理整个生命周期过程包括大数据获取、存储、组织、分析和决策五个阶段，围绕大数据管理生态系统的研究，可以围绕结构化数据管理及非结构化数据管理两个方面进行研究。围绕结构化数据管理，即传统的关系数据库管理系统，衍生出传统的大数据获取、存储、组织、分析和决策生态系统。而关系数据库作为大数据管理的核心数据引擎，各类结构化数据通过 ETI 工具按照其结构特征进行组织，存储到关系数据库中，再在客户端通过 SQL 语言进行例行性的数据分析，进而根据数据分析结构进行技术性决策分析。目前，处理结构化大数据的关系数据库管理技术已经非常成熟，如商业型 Oracle、SqlServer、开源型 MySql 等，均具备强大的结构化数据管理功能，并且均拥有较为强大的数据仓库功能，对应的数据挖掘技术也已经充分满足了一般的结构化数据分析、决策需求。但针对复杂的结构化和非结构化大数据处理需求，Sql 语言表达能力就显露出了一定局限性，在某些特殊大数据处理过程中，需要把数据从数据库中读取出来，导致大量数据的移动，将数据导入到前端分析工具（如 SPSS、SAS 等），借助于统计分析软件进行大数据深度分析和决策，这样产生的致命性问题就是大数据移动会造成性能急剧下降。因此，SPSS、SAS 等数据分析企业正在致力于把计算过程封装在数据库系统中执行，但目前进展有限，并且大数据分析函数的分布化、并行化、数据处理系统的扩展性、灵活性、智能性等仍然是难以解决的问题。

随着 Hadoop 开源框架及其相关技术的迅速兴起和逐步完善，使其成为打开大数据之门的金钥匙，也成为解决传统的大数据处理方式所面临的两大难题的关键，从而推动大数据管理新生态系统的浮现。从技术上看，Hadoop两项关键服务：采用 Hadoop 分布式文件系统的可靠大数据存储服务及基于 MapReduce 编程模型的高性能并行大数据处理服务，能够使结构化和复杂数据、非结构数据的快速、可靠分析变为现实，并可与旧的信息管理系统部署在一起，从而能够以有利的新方式组装新旧数据集合，让图书馆可以根据自有信息和问题定制知识服务组合方式，更容易地分析和研究复杂数据，同时作为一个自愈系统，在出现系统变化或故障时，它仍可以运行大规模的高性能处理任务，并提供数据。其他诸如 Hardtop Common、Chukwa、HBase、Hive、Pig、ZooKeeper 等大数据处理添加件、交叉集成件和定制实现，均能为新生态系统提供强大的技术支持。

尽管如此，当前各个方面的相关研究依然都不能完美地解决大数据核心问题，仍然有许多极具挑战性的工作等待着我们去研究。

①关系数据库和 MapReduce 技术有机融合的研究。如前所述，MapReduce 与关系数据库各有优缺点，如何依据不同的大数据处理业务需求，设计同时具备两种技术优势的技术架构（即有关系数据库的通用性、易操作性和 MapReduce 的可扩展性、开放性、灵活性、容错性和智能性），在对系统数据库更深层次了解的基础上，深入分析 MapReduce 编程模型内在的局限性和并行计算模型。如何有机融合关系数据库技术和 MapReduce 技术，使之能够有效地支持迭代式并行计算模型的执行，这也是大数据处理技术的核心问题之一。

②对结构化数据和非结构化数据更加复杂的或更大规模的分析。MapReduce 计算模型在很大程度上，能够弥补关系数据库在这两个方面的缺憾，而在云计算环境中可以初步实现更加复杂和更大规模的大数据处理，比

如大规模社会计算、大规模社交网络、时间序列分析、大规模图分析及更细粒度的仿真等，这一类技术仍然不够成熟，需要花费更多的时间、精力去探讨。

③大数据获取、存储、组织、分析和决策操作的可视化接口。如何较好地实现大数据处理各个阶段的可视化、智能化及个性化地展示和操作，尤其是多维数据操作及决策结果评估的可视化的智能展示。

④大数据管理系统的可靠性研究。当前大数据管理体系是基于大规模廉价计算机集群的云计算环境，采用的是主从结构，由此决定了主节点一旦失效，势必会造成整个大数据管理系统失效的局面。因此，如何在不影响全局的情况下，提高大数据管理系统的主节点的可靠性，将是未来需要解决的关键问题之一。

⑤大数据的网络传输和压缩问题。MapReduce 编程模型的计算特征决定了其性能取决于 I/O 和网络传输质量及计算代价。而数据压缩技术不仅可节省存储空间、节省 I/O 及网络传输代价，还可利用云计算环境中的存储能力和并行计算能力，大幅提升大数据管理系统的性能。研究者所带领的两个团队均成功地利用数据压缩技术提升了大数据管理系统的性能，但这些研究都是基于他们各自的大数据处理模型，而非默认的 Hadoop 数据处理模型。因此，基于 MapReduce 编程模型的通用型大数据压缩技术也是尚待研究的核心技术之一。

大数据伴随着云计算、移动互联网、物联网等信息技术的成熟而迅速发展，并且越来越受到业界和学术界的关注，相较于过去几十年数字图书馆的研究与发展，大数据技术在未来几年将会给云图书馆带来革命性、持续性和创造性的变化，会对我们所熟知的知识服务能力和知识服务机制产生重大的颠覆和创新，也对现有的技术和方法提出更高的要求，而这一切可能会超出我们正常期待的范围。在未来几年，在大数据获取、存储、组织、分析和决策过程中，对应的体系架构、计算模型、数据模型、智能辅助决策模型、性能优化模型及知识服务模型等基础理论方面，也将会出现更多的研究成果。

毫无疑问，大数据技术是图书情报领域无法逃避的未来技术发展形态，也为图书馆实现知识服务模式的转变、知识管理模式的突破、合作交互型知识创新模式的完善、知识服务流程的动态监测等业务需求提供了新的思路和解决方案。目前，虽然大数据技术的研究还处于起步阶段，依然面临着许多问题和争议，但是，随着市场的发展和信息技术的不断成熟，围绕大数据的问题将逐渐得到解决，这些争议也将会有更加清晰的结果。可以说，大数据技术是云图书馆在未来一段时间内亟待完善和解决的关键问题之一，该领域的相关问题也会成为图书情报领域研究的重点内容之一。大数据技术的发展、成熟与应用也需要图书情报界和业界人员的共同努力。

（二）大数据推进高校图书馆应用的进程

1. 国外大数据推进图书馆应用的实践

国外图书馆对大数据实践的推进主要有以下几种：一是建立知识服务社区实体行为智能分析引擎。如美国 HPP 公司将大数据用来分析电子图书读者阅读习惯和爱好，构建知识服务社区实体行为智能分析引擎，从而有针对性地开展服务，取得了较好的效果。这是国内外首例将大数据技术应用于图书馆实践的尝试。二是开放馆藏资源。如哈佛大学图书馆将大数据的服务引入图书馆实践，向读者公布包含书目数据、地图、手稿、音视频等在内 73 家图书馆提供的 1 200 多万种资料，并在美国数字公共图书馆中提供下载服务。三是积极开展大数据项目的研究。四是争取专项经费改善基础设施。如

2009年8月，JHU（约翰霍普金斯）大学图书馆得到NSF一项2 000万美元的资助，构建一座数据研究基础设施（Data Conservancy），用来管理过去从教学和科研中产生的海量增长的数字资源。五是组建数据咨询小组，设立信息专员。如JHU大学图书馆在合作项目中选择既有学科背景，又善于合作的馆员担任信息专员，提供协同嵌入服务以及参加文献评述、合成与数据摘录等工作。

2. 大数据推进高校图书馆应用的基本架构

上海交通大学图书馆馆长陈进在西南政法大学召开的"川渝高校情报工作研究会第二十三次年会"（2013年）中曾提出"新技术让图书馆服务更精彩"，可他同时也担忧："如今信息科技的方便快捷让图书馆面临被边缘化的危险，传统图书馆将遭受到服务价值与吸引力危机。"[①] 表面看陈馆长的话似乎有些矛盾，仔细分析其实是辩证统一的，关键在于当新技术来临时我们如何去把握。我国图书馆要想成功地推进大数据就必须将"角色定位、服务转型、文化编织"这几个核心思想贯穿到具体工作中去，让人们关注更多的是图书馆的"服务职能"，而不仅仅是它的"空间场所"。这样大数据的核心价值（不在于储存了多少数据，而在于获取了多少有用的信息）在图书馆才能从真正意义上得以体现。基于此，有图书馆界学者提出了我国高校图书馆应用及推进大数据的基本框架。主要有以下几个方面。

（1）人才方面

大数据是一项前沿技术，需要既懂技术又有跨学科背景的专业人才，操作难度大。目前，国内绝大多数高校图书馆都比较欠缺这方面的人才，既没有对非结构化数据进行处理及深度分析的技术，也没有将数据转换成知识的

---

① 王军,汪育健,李世兰,张春红.情报工作的生命力在于交流和创新:川渝高校情报工作研究会二十三年创新发展历程[J].四川图书馆学报，2013（3）：2-5.

思想意识。因此,大数据人才的挖掘与培养是目前亟需关注的领域。可从以下三方面入手:第一,区别对待,有针对性地培养。充分发挥领导"知人善任"的才能,将本馆工作人员根据学科背景和工作能力进行分类排队,然后结合实际有针对性地培养。如对云计算、物联网、移动互联网、大数据等专业知识有理论专长的,就从技术层面去加强;对信息科学、心理学、管理学等其他学科知识有一定了解的,从专业服务员的方向去发展等。第二,交叉互补,"多能型"的挖掘。即先将所有具备一定业务技能的馆员都按"多能型"人才进行培养。通过对有实践经验的补充研究方法,懂研究方法的弥补专业知识的方式,最终挖掘出符合需要的人选。第三,争取条件,引进人才。图书馆要重塑形象不断进取,以良好的内外环境和优质的待遇吸引人才,特别是吸引大数据人才到图书馆来。

(2)资源方面

英格丽德·帕伦特认为:"大数据对读者利用图书馆的行为与方式产生了巨大影响,用户通常使用搜索引擎学习、研究和工作。以哥伦比亚大学图书馆为例,每年对电子资源的点击量是 700 万次,而纸质书的借阅率已经从每年 20 万次下降到了 8 万次,用户对纸质印刷品和视听产品的需求越来越小。"[①] 如何在数字时代更好地发现及管理好图书馆资源是新时期面临的课题。

第一,纸质文献资源的整合。

图书馆系统有海量的门禁数据、传感器数据、RFID 数据及借还数据等。我们可通过借阅数据的类目排列得出图书的利用率进而来进行整合;也可采用 RFID 无线射频识别技术实现文献资源的跟踪分析,进而根据用户个性化

---

① 赵启玥.国际图联图书馆正式启动[J].晋图学刊,2014(1):79.

需求来实现整合；还可利用传感器数据进行预测性分析得出读者最喜欢的最需要的或者哪种环境最适宜读者阅读的来实现整合？不管哪种方式，整合的结果就是将利用率高的受读者喜欢的、最需要的文献安排在方便取阅、位置好、光线好各种条件俱佳的楼层；将利用率不高的安排到密集书库；将那些"无人问津"或者残缺不全的旧书进行打包剔旧。整合的目的在于更贴近读者，满足读者的需求。

第二，电子信息资源的数字化。

随着信息技术的迅猛发展，人们接收信息的方式正在发生巨大变化。然而，传统图书馆尚在数字化转型时期，阅读数字化、服务数字化、管理信息化等虽已进行到不同的程度，但"数字革命"尚未成功。曾任北京大学图书馆陈凌副馆长认为，"图书馆信息资源的数字化不仅要将传统图书馆与数字图书馆结合起来，纸型资源与电子资源互补共存，而且还要在资源数字化的基础上实现大数据的共享"。[①]总之，图书馆电子资源的数字化就是信息资源数字化、信息传递网络化、信息利用共享化、信息提供知识化、信息实体虚拟化。因此，图书馆要抓住大数据的机遇，将数字化进行到底。

（3）技术方面

如果说云计算为数据资产提供了保管、访问的场所和渠道，那么如何盘活数据资产，使其更好地为国家治理、企业决策乃至个人生活服务，则是大数据的核心议题。目前，我国图书馆现有的信息技术难以满足大数据存储、分析等各项要求。如何把握大数据带来的技术优势与分析方法，有效提高图书馆智能决策能力是图书馆在新形势下的一大难题。

第一，基于 NoSQL 解决数据异构集成。

---

① 陈凌,高冰洁,李莹,王波,冯英.关于"高校图书馆设立实体书店"的调查分析[N].大学图书馆学报，2019(37)：19-23.

NoSQL 就是 NotOnlySQL 的缩写，意思是非关系型数据库。作为近年来兴起的非关系型数据库，NoSQL 通常采用分布式、集群化的数据存储模式，主要用于大规模结构和非结构数据存储管理，具有大容量、高性能、高扩展等特性，并具有良好的 MapReduce 支持。因此，用它来解决大数据环境下数字图书馆种类繁多、事先无法确定模式、异构数据占绝大多数的数据存储问题是一种非常好的技术支撑，也有助于数字图书馆之间的合作与信息共享。

数字图书馆的异构数据采用 NoSQL 作为中间件技术集成，无须基于关系模型的异构数据集成技术那样要先把异构的数据整合转换成一个统一的格式，那样会带来数据的丢失和部分失真，而是直接通过分权分域管理，将各数字图书馆传送来的异构数据进行包装，并存放于 NoSQL 集合中，然后对外提供一致的数据访问服务。

第二，基于 HNC 的文献知识元检索。

HNC(Hierarchical Network of Concepts) 概念层次网络，是面向整个自然语言理解处理的理论体系。该理论在深入挖掘汉语特点的基础上，以意义表达和语言理解为主线，建立了一种模拟大脑语言感知过程的自然语言表述模式和计算机理解处理模式，"在汉语语句理解方面达到国际领先水平"，并已获得国家发明专利。HNC 概念符号含有大量的语义信息和不同概念之间的横向和纵向关联，使得知识元之间具有一定的语义连接。而知识元是指相对独立地表征知识点的一个元素，它可以是一段文字、一幅图表、一个公式等。

图书馆的信息检索技术主要分为全文检索、数据检索和语义检索三类。前两类属于传统的检索方式，也是国内大多数图书馆所采用的方式。通常使用关键词词形的简单匹配，而不考虑语义，结果就是一方面出现大量含有该关键词但与我们想检索的文献毫不相关的信息。另一方面是与关键词相关但文献中没有出现该关键词的信息丢失。因而很难兼顾查准和查全这两点，具有很大局限性。而语义检索，也可以叫作知识检索，是一种基于知识的语义分析检索，是在自然语言理解、计算语言学发展的基础上产生的，由知识库支持在检索的查准率和查全率上较好地满足用户的检索要求，是信息检索发展的趋势。

对比各种检索优劣，面对大数据时代图书馆将面临的种种问题，作者提出基于 HNC 的文献知识元检索接口，即在知识元检索过程中引入 HNC 理论，从本质上来讲也是语义检索。其操作过程为：先将待检索文献中的主题词或词对作为知识元内容，以 HNC 符号表示特征词，然后依附句法分析和 HNC 理论将知识元提炼出来，建立知识元之间、文献之间的链接关系，再针对搜索结果提供相似文献、同类文献、文献来源等链接，最后利用 HNC 的语义特性选择符合自己需要的链接从而实现知识元检索。

第三，基于 PKI 技术保护读者隐私。

PKI（Public Key Infrastructure）公钥基础设施是一种新的安全技术，采用数据加密和数字签名来实现用户身份认证，并在开放的互联网环境中提供一体化服务的非对称加密法。它由公开密钥密码技术、数字证书、证书发放机构（CA）和关于公开密钥的安全策略等组成，是目前比较成熟完善的 Internet 网络安全解决方案。国外一些大的网络安全公司纷纷推出一系列基于 PKI 的网络安全产品，如美国 Verisign、IBM、Entrust 等安全产品供应商为用户提供了一系列的客户端和服务器端的安全产品，为电子商务的发展提供了安全保证。

数字图书馆引入 PKI 技术来保护广大读者的隐私是所有图书馆的高级阶

段和发展趋势。其基本实施过程为：每个用户首先向数字图书馆论证中心申请以获得公钥，生成自己的密码对，当需要使用有关信息服务时，将数字证书用自己的私钥和论证中心的公钥加密后发送至论证中心，论证中心收到后进行解密，确认用户合法身份并签名，签名后的数字证书被加密后传给用户，用户用该数字证书作为身份证明向图书馆申请使用相应服务，从而使读者的隐私得到一定程度的保护。因此可见，网络技术的发展虽带来了一些新的社会问题，但同样也会为保护隐私提供更先进的技术。未来图书馆在加强隐私自律时，也应加强网络基础设施建设及信息安全技术的开发应用，以为保护读者隐私做出努力。

第四，采用数据的合并与清理解决取舍问题。

大数据环境下，图书馆海量的数据资源中充斥着太多冗余数据。一方面数据中心已经没有足够的空间来备份明级的数据，另一方面给数据的存储、备份、传输等增加很大负荷，常常导致"宽带不宽"。为了解决数据取舍，节省空间，数据的合并与清理就是一个不错的选择。

在书目数据中进行数据的合并与清理就是对前系统漏判的重复书目数据记录进行合并。目的在于解决同一种书目记录重复问题、同书异号、异书同号问题，通过清理还可发现编目数据的错误。因此，书目数据的清理与合并是图书馆自动化编目工作的重要组成部分，也是书目数据库建设必须面对的问题之一。其具体工作：一是对图书馆合并后的重复记录进行删除。二是对中央书目库中没有对应的馆藏条码号的记录进行删除。三是对出版年份和责任者均重复的记录进行合并。四是按索书号排序，解决异书同号问题。当然也可将这一技术用于解决其他数据的取舍问题，这里就不一一列举了。

（4）服务方面

随着人们阅读方式的转变，图书馆传统的与用户分离的服务模式已经逐渐不能适应用户新的发展需求，尤其在知识服务日渐成为图书馆未来服务趋势的情况下，图书馆需重新定位，服务必须转型：要树立"用户在哪里，服务就在哪里"的服务理念，学会有效利用现代信息技术去提升服务水平、拓展服务项目。实践表明，只有创新服务并将其延伸到具体实践中，图书馆才有生存的价值和旺盛的生命力。

第一，基于"个人门户"概念开展个性化信息推送服务。

个人门户就是以个人为中心的互联网入口网站，它提供给用户能够选择个性化服务的路径，将各种价值的数据和互联网资源集成到一个信息管理平台，并以用户个性化的页面布局呈现出来。中国互联网服务商1616.net于2010年11月正式推出了个人门户概念，成为中国传统的网址导航领域服务创新第一人。

然而，国外许多数字图书馆已经建立了自己的门户。根据美国研究图书馆学会的调查，许多研究型大学图书馆早已建立了自己的数字图书馆门户，其中包括哥伦比亚大学、加州大学圣地亚哥分校、康奈尔大学、麻省理工学院、华盛顿大学等。国内有条件的图书馆在近几年也纷纷开展了基于"门户"的个性化服务。如北京师范大学图书馆Metalib+SFX统一检索型数字图书馆门户、北航图书馆TRS搭建数字图书馆门户等。

实践证明，通过个人门户平台，图书馆能把最快最有价值的信息聚合起来，从而使用户不必再浪费时间做网上"冲浪"，也不必再忍受信息爆炸和广告带来的烦恼，就能实现所有互联网信息的"一站式"阅读体验。高校图书馆作为以研究为基础，服务为主导的学术研究型图书馆，其"个人门户"

式的信息推送服务就是基于读者行为习惯的组合式网页根据终端自适应。具体来说，利用个人门户平台，图书馆可以开展图书预约通知、文献邮件传递、在线参考咨询等业务信息的推送。如有人习惯访问 CNKI，主页就将 CNKI 的信息放在前面推荐给用户；图书馆还可根据读者曾经借过的图书，经过相似分析过滤后将本馆相近或同类的，特别是新到的同类图书推荐给读者，此举非常人性化。又如，有人想借一本书却多次没有借到，相当浪费时间。有了个人门户后就不用这样费事了，读者可先在系统进行预约，当其他读者想归还此书时在自助借还机上是还不了的，必须到总服务台人工归还，同时系统通过个人门户平台以温馨提示的方式告知读者该书已还至图书馆，请速到总台办理借书手续等。

第二，设立信息专员开展知识服务。

从学科馆员到信息专员，不仅仅是名称的变化，同时更是服务模式的转变。信息专员更强调"嵌入式"的知识服务，强调将学科馆员的服务与目标用户及其需求过程紧密结合。信息专员在合作项目中的具体工作有以下四项：一是资助和参与多种服务，包括为各用户定制相关数据信息、信息管理、电子资源试用等。二是协同嵌入服务，即与合作方在深度项目上进行协同，包括从事深度文献检索、经费支持下的协同、建立数字门户和用户专用研究空间等。三是文献述评，即参与到研究的各阶段，演示文献信息检索与调整评价文献、合成与数据摘录等，并最终形成可检索的数据库。四是实践指南，除了提供文献支持外还会为员工创建一个引文管理数据库，方便项目组成员使用。信息专员的设立好比是为科研团队打造的"信息专家"，能更好地为科研团队提供信息服务。

第三，文献传递与快递服务。

这是将营销理论运用到图书馆的一项有偿服务。近几年来，馆际互借和文献传递是图书馆向读者提供的两种常规服务项目。馆际互借是"图书馆之间根据协定相互利用对方馆藏以满足本馆读者需求的文献外借方式"。而文献传递服务则"通常是指（图书馆）向其最终用户提供文献的一个完整过程，包括明确地表述和发出请求以及对文献的物理和电子提供过程的管理"。可见，文献传递是馆际互借服务的进一步发展与细化。

在美国，以收费为基础的文献提供服务最早于20世纪60年代附属于学术研究机构的图书馆内出现，而后逐渐向其他类型的图书馆普及。据美国图书馆协会（ALA）编辑的1998年版《图书馆互联网文献快递服务指南》（Internet Plus Directory of Express Library Services）统计，设有该项服务的学术图书馆有192家，科研机构和特殊图书馆有92家，公共图书馆有77家。在国内，开展此项服务的图书馆也不少。以重庆理工大学图书馆为例，2011年与重庆西南大学、重庆大学图书馆建立了馆际互借关系，该校科研人员可以通过该馆信息部向两家图书馆借阅图书或申请文献传递。此外，该馆已正式加入重庆市数字资源共享平台，使该校研究人员更容易从OCLC许多一流成员图书馆中获取信息，满足科研需求。

随着大数据时代的来临，人们获取信息的方式越来越"终极"化，电子文献或许并不能满足所有人的要求。作者认为未来图书馆有必要向物流快递学习，将文献传递服务"物化"并及时送到有特殊需要的人手中。这些人群主要是高级职员、残障人士或其他教师在教学中使用所提供的送还文献服务。

第四，嵌入式教学服务。

高校图书馆不仅是文献资源服务中心，还肩负着教育的职能。用户信息检索技术、获取知识的能力、信息评价和利用能力等直接影响利用图书馆的状况。如将信息素质教育"微化"嵌入教学课程中，就能有效提高用户利用图书馆的基本素质、应用素质及综合素质，能进行信息的分析、评价和再利用，从而充分发挥了图书馆服务职能的附加值。

第五，"纸云"融合的阅读推广服务。

虽然当下纸质图书借阅量连年下降，电子资源检索量和下载量日益增加，但纸质阅读的个性化深度阅读需求依然强烈。虽然目前纸质阅读占优势，但随着人们阅读模式的改变，其人群正在被越来越多的阅读平台所吸引。基于此有学者提出"纸云"融合的阅读模式。一是利用图书馆现有的环境和自动化系统 OPAC 定期开展新书及经典图书的推荐、数字资源的宣传培训、各种形式的讲座等馆内推广活动。二是利用图书馆网络及微博、微信平台开展读者 BBS 论坛、书评、阅读比赛等活动，从而营造一个开放、共享、有序的阅读氛围。相信随着阅读活动在图书馆及全国的深入推进，无论纸质图书还是电子资源，在未来都会有巨大的增量。

（5）管理方面

大数据对图书馆的管理也产生了深刻的影响，它所具有的区域间、行业间、部门间的穿透性正在颠覆着图书馆传统的线性的自上而下的管理模式。现实表明，图书馆的有些管理已经不适应时代的发展，需要进行改革。

第一，从采访数据中提取核心书目。

这是从管理的角度对文献资源采访提出的新要求。面对海量数据，文献资源采访的现状令人担忧，既缺少经费，又被大量闲置。北京人天书店有限公司总裁邹进提出了从采访数据中提取核心书目并建立核心书目评价机制。一是出版社评价得分：出版社的市场占有率、分类图书品种市场占有率、出版社综合排名等占20%。二是作者评价得分：以往著作在图书馆的借阅率、被引用情况、专家及读者评价等占40%。三是责编评价得分：责编的专业水平、获奖情况、著作销量等占10%。四是版次评价得分：版次越多，理论上质量越好，占10%。五是其他评价得分：图书是否被列为国家重点出版项目计划、媒体推荐、装帧等占20%。可通过这五方面的综合数据来评判这本书是否可进入核心书目，从而建立一套完整的核心书目单供采访人员参考。

第二，协同合作。

协同合作是一种致力于建立长久紧密的战略合作伙伴关系的管理思想，是当下热衷的一个话题。大数据环境下，为了实现资源共享和优势互补风险共担，图书馆有必要开展广泛协同合作，建立包括技术、资金、信息、人才交流在内的密切往来关系。有两个非常好的合作范例可供我们学习：一是"欧洲文化门户工程"（European Culture Portal Initiative）的电子档案馆项目，2 000多个成员在元数据标准等方面通力合作，拥有大量的书籍、绘画作品、电影和博物馆藏品。二是"开放获取知识库联盟"（The Confederation of Open Access Repositories），他们也正致力于开放获取标准等方面的合作。需要强调的是，这种合作不仅涉及图书馆，而且还需要出版界、学术研究者、基金等社会相关领域的共同参与。

（6）基础设施方面

经费是图书馆得以发展的基础，同时经费紧张也是制约国内图书馆发展的共同问题，而不像国外有些图书馆动辄就有上千万元的项目来支撑基础设施建设。其原因一方面在于国外有些商家确实有雄厚的经济实力去支持图书馆发展。另一方面在于国外图书馆的合作与服务意识。而国内图书馆主要靠财政支持，主动服务的意识较淡薄，所以基础设施难以跟上时代发展。借鉴国外经验，我国图书馆首先要重新定位，将其定位成学习、休闲、生意洽谈等场所；其次要以积极主动的个性化和多样化的服务来吸引用户；最后还要善于广泛争取项目经费来改善基础设施。

信息技术的发展，让我们从"信息贫乏"时期一跃进入饱受"信息过载"之苦的阶段。图书馆海量数据的存储、分析等目前虽有些问题，但只有对数据的不合理使用。我们要学会从自发到自觉、从局部到整体、从微观操作到宏观管理的方式去应对大数据带来的各种困惑和挑战。大数据在我国图书馆的应用及推进是一项系统工程，并不是一蹴而就的。因此在技术发展到足够高度之前，有关大数据的处理与应用还在不断磨合中，但有一点毫无疑问，那就是时代驱动下图书馆职能的演进：藏书楼—图书馆—知识加工厂—智慧图书馆。

第二节 互联网背景下大数据对图书馆行业的影响

图书馆行业是以最大限度促进人类知识的交流与利用为己任的行业，而专业化的图书馆行业包括三个活动领域：实践活动、研究和教育。图书馆行业的实践活动旨在运用图书馆学的专业知识对文献进行加工、处理、保管、传递，对人类知识和信息进行组织、整理促进其交流和利用；从图书馆行业的定义和构成来看，其实与知识和信息有着天然和紧密联系的职业，图书馆行业如果离开了知识和信息就根本无法产生，更不会在人类社会中长期存在和持久发展了。而数据概念的外延与信息和知识的外延本身就交错重叠，不可分割，数据是图书馆馆藏资源的重要组成部分，而且学术界也普遍认同。数据作为原始类的产品可经过加工、整理和分析提炼转化为信息和知识，以便在人类生产生活当中发挥更大的作用。因此，对大数据主题的适当研究是图书馆行业的分内之事，同时也是其认清时代发展方向，主动参与到社会发展之中的体现，从而显示出图书馆行业在信息社会中谋求生存和发展能力的迅速提升。

一、国内外图书馆行业对大数据应用分析

（一）国外图书馆行业对大数据应用的研究

图书馆学已有的研究中与大数据产生关联的包括网络计量学和文献计量学，网络计量的研究目的在于促进信息科学和其他社会科学的进步，它是通过搜集和分析网络而来的大规模数据来实现的。而传统的文献计量学研究由于大数据技术的应用而极大地拓展了其研究范围，从以往只能进行简单的描述性研究扩展到评价和预测性的研究。

图书馆学研究者也参与了诸多的研究项目当中，包括为促进标准化运动而开展的"语义网社区与关联开放数据运动"（Sematic Web community and Linked Open Data initiative）等。新西兰的奥塔哥大学图书馆则承担了奥塔哥生物多样性数据管理项目的研究，部分机构如美国弗吉尼亚州立大学也开始组建科学数据咨询小组，而图书馆员和数据管理者则为学者们充当了咨询顾问的角色。

麻省理工学院的一个研究项目表明，图书馆员在数据监护（Data Curation）工作当中所应承担的职责包括分析数据集合的存储需求、数据管理规划、最佳实践经验的传播、收集与传播数据集合以及完成数据保存标准的制定。美国学者对图书馆员在大数据环境下的角色和所需专业技能做了调查与设想。他们认同图书馆可以在大数据时代中承担起数据管理的职责这一

观点，同时也通过实证型研究认识到目前绝大多数图书馆员并不具备数据科学家必备的素质结构，细分了这些技能并分析了差距所在。

密歇根州立大学、伊利诺伊州立大学、北卡罗来纳州立大学和亚利桑那州立大学都已经开设了与大数据相关的课程和研究方向。例如，亚利桑那州立大学已经围绕元数据、数字格式和数据迁移等主题开设了数字馆藏课；诸如调试和管理服务器和数据库的应用型技术；包括采购、政策发展和组织结构等内容的数字馆藏管理；带有存储标准、软硬件和格式废弃等内容的存储课程；以及将不同技能整合好以完成数字管理方案的案例研究课程。亚利桑那州立大学目前也已经可以提供数字信息管理方向的硕士学历证书。而伊利诺伊州立大学香槟分校则开设了一个数据监护方向的硕士学历教育项目。同时英国的谢菲尔德大学也安排了基于专业的信息学课程和一个新的信息学专业的理学学士学位。2011年6月伦敦的国际监护教育论坛投入使用，这也是数字监护领域的培训课程体系的讨论和开发提供了一个机会。

（二）国内图书馆行业对大数据应用的研究

目前我国图书馆相关主题的研究在2012年还处于起步的状态，而时至今日则呈现蓬勃发展的态势，在CNKI中以"图书馆"和"大数据"检索期刊论文的主题，检索出的目标文章2012年只有1篇，即杨海燕发表在2012年第四期《图书与情报》上的文章《大数据时代的图书馆服务浅析》，到了今天（2015年6月），仅限定"高校图书馆"与"大数据"检索期刊论文的主题，检索出的目标文章就有115篇。部分学者在研究图书馆大数据时，都会提到大数据与图书馆的信息服务问题。杨海燕在研究中提到了图书馆具备了"大数据"特征，大数据时代的图书馆服务方式、途径、模式等都将发生改变，图书馆服务可能更具有针对性和鲜明性。韩翠峰认为大数据时代图书馆的服务创新朝以下方向发展：重视大量的用户数据与信息；探索大数据分析及相关服务；利用大量的复杂数据分析技术与工具；提高图书馆服务的智能化程度。王天泥的研究认为，大数据为图书馆知识咨询带来了发展机遇，知识咨询是大数据时代图书馆咨询服务的新模式；数据资源与人才建设是图书馆知识咨询发展的两大驱动因素。[①]朱静薇、李红艳则构建了基于大数据的图书馆服务模式，主要表现为：基于数据整合的一站式资源服务；基于数据分析的学科知识服务；基于数据应用的信息可视化服务；基于数据挖掘的智慧服务。[②]李鹏云对大数据时代的图书馆服务进行了思考，他认为图书馆为了适应大数据的要求，应该开展准确的数据推送服务、细粒度个性化服务和深度的参考咨询服务。裴昱指出，大数据为图书馆带来了创新转型的可能性。图书馆将会发生相当程度的角色转变，应该改进用户行为信息的利用方式，进而在个性化信息服务的大潮中取得较好发展。孙琳认为图书馆服务体系创新研究与发展方向为：高度关注和重视大量的图书馆用户的数据和信息；着力提升图书馆服务的智能化程度；积极探索和分析大数据及其相关的服务；充分利用大量的复杂的数据分析技术与工具；未来图书馆大数据发展的模式是知识中心。石薇芬认为大数据时代下图书馆应从以下几方面着手提升自身服务：定位用户需求；完善图书馆网站设计；进行个性化推荐。黄铁英在研究中指出，大数据背景下图书馆服务要适应数字化阅读的发展，对各学科的知识都有一定深度的了解，并与读者开展多种互动。[③]

---

① 王天泥.元宇宙背景下文旅数字化转型发展研究[J].图书与情报,2022(3):111-117.
② 图书情报工作杂志社编.图书馆学情报学研究论文选[M].北京:科学技术文献出版社,2002.
③ 孙琳.图书馆创新服务大数据 时代图书馆服务体系创新研究[J].理论观察,2012(4):99-100.

二、国内外图书馆大数据应用实践

2012年4月26日,有消息称,哈佛大学图书馆将要把图书大数据公之于众。这些数据共计由73家图书馆分馆提供,共涵盖了1 200多万种资料,内容包括书目数据、收稿、地图、视频和音频等。这些数据将会在美国数字公共图书馆(Digital Public Library of America)中提供下载,哈佛大学图书馆实验室的副主任称,每种馆藏均提供了尚未发现针对大数据概念和技术的资源采集和特色服务,多达10个不同属性的值,以此来促进世界范围图书目录的开放以及对新型应用性产品的研发。

美国俄亥俄州Over Drive公司是一家拥有电子书、有声书等信息产品的多渠道经销商。其在2012年4月所发布的第一辑《大数据报告》中称,该公司长期以来与大量各类型的图书馆合作,从图书馆中收集数据提供给出版商和其他有合作关系的图书馆,供其开放存取,这些数据主要包括电子书和数字有声书的流通状况、读者的图书需求状况、图书馆网站访问的拥堵状况和人口统计学等信息。该公司由分析数据发现,图书馆的电子书借阅也会促进出版与经销商图书的零售额,特别是图书馆网站上的读者推荐阅读书目和出版商的营销活动,都会培养消费者对出版商的忠诚度,而同时,Over Drive公司也会通过Buy It Now网上商店等渠道为图书馆提供其所不具备的书目记录,因而也给读者预备了发现图书的崭新途径。

部分高校图书馆就"数据监护"展开探索性的实践和研究,也获得了不少有益的启示。而巴斯大学在2012年初成功获得英国联合信息系统委员会(JISC)的资助,以帮助其完成Research360(R360)项目,从而达到在机构内嵌入优质的数据管理实践过程的目的。R360项目开发出了包括六道程序的示意图。其同时还列出了在科研数据管理过程的不同操作中大学图书馆可以提供哪些支持性的信息服务并归纳出四点工作原则，分析得出了图书馆当中与科研数据管理相关的职位及其职责、要求和需维护的社会关系。在专门职位设置方面，巴斯大学则指定了一位机构的数据科学家参与到 R360 项目中，其职责在于推动跨机构研究数据的管理实践。

可以看出，在西方国家特别是美国，各高校对数据监护实践活动的开展其实已经较为普遍，都设置了专门的岗位将数据监护作为一项具有特色性和前沿性的服务加以推广，并在实践当中不断总结经验教训。而支持专门科研项目的数据服务也已经开展，对于普渡大学和伊利诺伊州立大学联合申请的"数据简介"项目，新西兰奥塔哥大学图书馆承担的奥塔哥生物多样性数据管理项目，以及弗吉尼亚州立大学所组建的科研数据咨询团队，图书馆员和数据管理员在这些项目当中都承担了为科研人员提供咨询指导的任务，诸如帮助其确定项目数据管理需求，并将所有资源需求用已有的数据监护工具加以可视化。相比之下国内不仅研究方面凤毛麟角，另外也尚未发现针对大数据概念和技术的资源采集和特性服务活动，因而可以看出，国内业界对大数据的应用落后于国外相关领域的实践进度，因此需要在理论界加以深入研究和广泛宣传的同时，加快引进国外先进的技术与应用。

第三节　互联网背景下大数据时代图书馆学

从科学研究这一视角来看，大数据作为新兴的信息技术之一，必然会吸引图书馆学者的注意力，并对图书馆学的研究范式产生较大的影响，处于大数据时代的图书馆学研究也将呈现出新的研究动向。

一、互联网背景下我国图书馆研究前沿动态

有学者的统计与分析表明，我国图书馆界一直保持着对新兴信息技术的敏感度，而对新技术的研究将是今后图书馆学研究的热点之一。[①] 为了了解我国图书馆学研究（范式）的进展，通过查阅中国知网、万方、维普等大型数据库，发现针对图书馆学研究范式、问题与方法的文献并不多，较早探讨图书馆学研究范式问题的是傅荣贤。他指出，图书馆学的价值目标应该从一元走向多元；要颠覆图书馆学研究方法中对广泛的一致性话语的追求，运用多元并存的思维方式开展当代图书馆学研究。[②] 傅荣贤、马海群回顾了图书馆学研究范式的历史演进过程，反思了实践论范式和价值论范式的不足，认为实践论范式应成为当代图书馆学研究范式的首要选择。[③] 高淑琴对常用的图书馆学研究范式（如规范研究、实证研究、定性研究与定量研究等）概念进行了辨析，认为图书馆学研究应坚持多种研究范式并存与互补。[④] 王梅的研究认为，当代图书馆学研究开始由学理性范式向技术性范式转换；图书馆学研究的技术性范式根深蒂固，但需要发展更新，学理性范式和技术性范式应相互补充。[⑤] 陈秀英认为，图书馆学研究要倡导人文品质，人文精神是图书馆内质性的理念归宿；应真正发挥图书馆学人文性研究范式的作用。[⑥] 储流杰对图书馆学研究充满疑虑，认为图书馆学的当代困境和危机的根本原因

[①] 何津洁.高校图书馆读者服务工作拓展与创新[M].北京：北京工业大学出版社，2018.
[②] 傅荣贤，马海群.面向数字图书馆的著作权制度创新[M].北京：知识产权出版社，2011.
[③] 傅荣贤，马海群.面向数字图书馆的著作权制度创新[M].北京：知识产权出版社，2011.
[④] 高淑琴.中国孩子的科学图书馆41婴儿的诞生[M].图文出版社，1984.
[⑤] 王梅著.图书馆学研究的理性与感性[M].北京：九州出版社，2013.
[⑥] 孙洪林，陈秀英，任延安.地方文献阅读推广新论[M].北京：新华出版社，2022.

之一是思维理性和研究范式的极端单向化；图书馆学要走出当代困境和危机必须加强基础研究，强化学科和问题双重意识等。①郎筠、韩亮指出，定性与定量研究是图书馆学研究中的两个基本范式，将两者充分结合是图书馆学研究必须遵循的基本原则。②

白君礼首先指出，图书馆实践和理论研究以问题的存在为前提，图书馆学研究要梳理问题意识。接着又探讨了问题与方法的关系，认为图书馆学研究应坚持理论、问题与方法的有机统一。随后又对图书馆学研究中存在问题的过程（如发现问题、提出问题、表述问题、解决问题等）进行了分析，然后针对图书馆学研究中发现问题的途径进行细化研究，最后还阐述了我国目前图书馆学研究中缺乏问题意识的具体原因。另有学者罗金增（2013）对图书馆学研究方法的主要缺陷进行了剖析，并呼吁图书馆学应加强定量研究和弘扬实证研究。

自图书馆学诞生以来，图书馆界的学者围绕图书馆学的现象与本质、发展等问题进行了持续地思考和研究，形成了较为独特的研究范式和方法；当然，图书馆学研究范式也是随时代的发展变化而变化的。目前有关图书馆学研究（范式）的文献不多，这与图书馆学的学科研究和可持续发展是格格不入的，不能不说是一大遗憾；但对于人们科学地认识图书馆学的价值观与方法论、清楚地了解图书馆学的基础理论并为之积极地付诸实践，具有一定的参考价值和现实指导意义。通过梳理目前发表的文献，图书馆学研究范式划分为三大类别：学理性、人文性和技术性。从当前的趋势来看，图书馆学研究范式由学理性向技术性范式转变似乎较为明显，因为每一项新兴信息技术

---

① 孙腊梅，储流杰.对图书馆精神的理性思考[J].图书馆，2011(3)：24-27.
② 郎筠，韩亮.通向自由的艰难之路：我国开放存取的现状分析[J].图书馆建设，2009(7)：1-4.

的出现都会引起图书馆界的关注和共鸣，甚至在学界产生激烈的争论。大数据时代的来临必定会对图书馆学研究（范式）产生较大的影响和冲击，也将激发一些新的研究主题。那么，大数据对当前的图书馆学研究会产生什么影响？受此影响的图书馆学研究究竟将会出现哪些新动向？这正是大数据时代的图书馆学者应该正视的问题。

二、大数据对图书馆学研究影响

（一）大数据对图书馆学研究的影响

1. 影响图书馆学研究范式

美国匹兹堡大学信息管理学院院长拉森教授在报告中指出，大数据时代，科学研究范式将发生变革：最初是观察，然后是理论，接着是计算和模拟，现在是理解海量数据和信息。长期以来，人们一般将学术活动分为四个阶段，即灵感（Inspiration）、构思（Formulation）、分析（Analysis）和成文（Documentation）；而在大数据时代，科学学术活动将出现第五个阶段——加强学术资产的重用性（Preparation of Research Assets for Reuse）。大数据将驱动一整套新的科学研究，学者可以利用共享数据进行深入研究，如利用哈勃望远镜对太空的观测数据、科考船的航海数据等。人类在数据共享上已经取得了初步成果，关联开放数据（Link Open Data）就是一个很好的实例。大数据时代中，较多国家的政府和研究机构充分意识到了分析和处理大数据的迫切需求，并着手开始了大数据的研发计划；而在此过程中，科研活动也会产生大量的数据。大数据对人类的科学研究范式产生了巨大影响，关联科学（Linked Science）开始成为一种新的科学研究支撑范式。大数据对科学研究范式的影响也会波及图书馆。图书馆是大量数据的集中地和知识服务、学术信息交流中心，各类型的数据将是未来数字图书馆的重要组成部分；特别是科学研究数据和元数据将成为分布式、整合式数字图书馆的"主力军"。数据范式将成为一种新的图书馆学研究范式。图书馆界的学者应当逐渐适应这种新科学研究范式，积极开展图书馆与大数据的相关理论和实践研究，探索图书馆应用大数据的可行方案，以跟上大数据的时代发展。

2.影响图书馆学学术交流

大数据时代的到来使得科学数据的产生和积累迅速增长。在大数据环境中，科研人员可能更青睐于网络数字资源，除在传统纸质刊物发表研究成果外，博客（微博）、SNS网络虚拟社区、开放获取等已经成为较为便捷的学术交流方式，网络"灰色文献"成为科学研究重要的参考信息源之一。面对大规模的海量数据，如何建立和完善更多元、深刻的学术交流体系显得日益迫切。图书馆是公共信息的集中地，是社会知识提供和服务中心，在传统的学术交流中，图书馆具有独特的优势。然而，大数据的发展对图书馆学的学术交流模式产生了较大的影响，数字文献和数字出版将成为数字化市场新的转折点，开放获取期刊、机构知识库发展迅速，数字流通逐渐成为大数据时代的主流。从大量的数据中分析其潜在的价值将成为大数据时代图书馆的一大主要业务。在新的学术交流体系形成的过程中，图书馆应认真思考和研究大数据时代的学术交流模式，营造支持科研创新的知识服务环境，建立集数据和文献于一体的新型数字图书馆，并尝试实践数据与信息融合的互操作平台，使学术交流的全过程可以在大数据开放的环境中进行，提高科学研究的成效。

（二）大数据影响下图书馆学研究新动向

1. 新的图书馆学研究范式——数据范式

人类社会的发展逐渐积累和形成了科学研究的基本范式：经验范式、理论范式和模拟范式。而当今借助于信息与网络技术的发展与推动，大量科学数据就此得以产生，被称为"大数据"的新科学基础设施逐渐形成，从事科研活动的科学家和学者们把数据作为科研活动的新对象和工具，基于大数据来从事科学研究。于是，一种新的科研模式——数据范式应运而生了。所谓数据范式，是指先将获取和生成的大量数据经数据处理后存储在超大容量的计算机中，科研人员运用数据管理的原理和方法对大数据库进行数据分析和挖掘，形成新数据库，并据此产生新的思维，研究出新的科研成果。图书馆学研究常常处于新信息技术的风口浪尖，因此必然会受到影响。大数据时代的来临将促使图书馆学研究范式在学理性、技术性、人文性等范式的基础上形成新的图书馆学研究范式——数据范式。图书馆学研究包含大量的理性思维过程，学理性范式是图书馆学研究的基本范式；图书馆学研究要紧跟新时代，技术性范式紧跟图书馆发展的新阶段；图书馆学研究要弘扬人文品质，人文性范式是图书馆学研究精神属性的归宿；数据范式则是当前大数据环境中图书馆学研究范式的新思维模式，标志着图书馆学研究即将迈入一个新的时代。从大量的数据中分析、提炼和挖掘出有价值的信息进而提升图书馆的服务水平，是大数据时代图书馆的主要业务之一。

2. 以问题为导向的研究——图书馆究竟需要什么样的大数据

有学者认为，中国的图书馆学研究普遍缺乏问题意识，要想使我国图书馆学的发展速度更快，必须使图书馆界具有问题意识，反对简单化倾向。大数据给图书馆带来了良好的发展机遇，但同时也给图书馆带来一些挑战。虽然目前图书馆界有相当一部分学者投入到大数据的研究热潮中，也涌现出一批富有参考价值的研究成果，但这并不意味着图书馆界对大数据的研究趋于成熟。而恰恰相反，我国图书情报领域出现了一些质疑大数据研究的声音，对图书馆界研究大数据的科研水平和技术力量感到怀疑。比如，常常会被问到下列问题：究竟什么是大数据，图书馆的哪些数据可称之为大数据？大数据能给图书馆带来什么影响？图书馆学者研究大数据是否有价值？图书馆如何正确认识和把握大数据的潜在优势？如何提高大数据分析能力和服务水平？图书馆如何建立软硬件一体化集成的大数据综合管理方案？大数据解决方案与图书馆的知识创新和服务模式、数据存储和分析技术有什么必然的联系？等等。大数据影响下图书馆学研究出现新问题乃至新质疑是正常的，关键是我们应该以这些新问题为导向来开展研究。大数据时代的图书馆学研究不应盲目跟风，而要有自己的主见和思考，首先应该弄清楚这个问题："图书馆究竟需要什么样的大数据。"这实际牵涉图书馆在大数据环境下的定位问题。当然，大数据技术的发展与应用会遇到很多意想不到的问题，这需要图书情报界和业界人员的积极理论研究和实践探索。

3. 以服务为基石的模式——图书馆科研用户服务模式

对于图书馆而言，服务是基石、是根本，图书馆所有业务的开展都应该遵循"为读者提供满意的服务"这个宗旨；图书馆从事的科研活动也不例外，特别是对于研究型图书馆来说更是如此。在大数据时代，如何提高图书馆对大数据的分析、处理能力以及科研用户的服务能力和水平，是大数据影响下的图书馆学研究新动向之一。解决该问题的关键是：图书馆要努力构建功能较强的科研数据管理平台和科学的科研用户服务模式，实现图书馆科研用户服务能力的提升，进而推动图书馆行业的可持续发展。当今图书馆的数据量日益增多，科研数据的积累也在不断增长；构建有效的科研数据管理平台和科学的科研用户服务模式对于保护数据免于丢失、实现科学数据交流和共享、节约科研成本等具有积极的作用。首先，图书馆应承担起科学数据组织的职责。研究人员的科研数据除保存在相关学科库之外，建立机构仓储是另一重要的选择。机构知识库的设想是保存机构成员的研究成果，并提供出版机会，既有存储的功能，又有检索和服务的功能。其次，图书馆应提供科研数据分析服务，这是构建图书馆科研用户服务模式的关键一环。科研数据分析服务是图书馆开展科研用户服务的基础，是大数据时代图书馆科学数据服务的发展趋势之一，融汇了更多的智力活动。图书馆进行科研数据分析，不仅将科学数据进行关联，更能帮助用户更好地利用数据。因此，图书馆特别是研究型图书馆的未来发展之路应该是努力构建嵌入科研一线的知识化科研用户服务模式，这种知识服务模式更加强调图书馆必须更为直接地服务于科研人员。

4. 关注大数据时代的数据引证研究

张兴旺学者分析了大数据对图书馆学的主要影响，其中信息计量学和网络计量学将深受大数据理论与应用研究的积极影响，在研究内容、研究对象和研究方法上将获得新的发展契机。[①] 数据引证研究将作为大数据时代一项新的研究内容受到图书馆界的关注。自2011年起，较多国际组织举办了以"数据引证"为主题的研讨活动，但与图书馆学信息计量学相关的文献还比较少。国际上对数据引证的研究已取得了一些新的进展；但在国内，这项研究尚处于探索阶段。当今大数据时代，新的科学研究范式（数据范式）已经兴起，数据引证显得越来越重要，因此数据引证研究必将在图书馆界掀起波澜。因为数据引证将成为受大数据驱动的信息计量分析领域新地研究对象，

---

① 张兴旺. 数字电子技术 [M]. 北京：中国林业出版社；北京：北京大学出版社，2006.

数据引证将促使图书馆的信息计量分析深入到知识单元。由此可见，数据引证研究将逐渐受到图书馆界学者的青睐，具有较大的研究潜力。当然，由于数据具有复杂性，特别是大数据的复杂性更加突出，数据引证作为图书馆学新的研究动向之一，在理论研究和实践中必定会遇到一些问题和困难，这就要求图书馆界的学者不断探索和创新。

第六章 互联网背景下高校图书馆资讯数字化服务平台建设

第一节 信息服务建设内容与结构

一、信息服务建设的内容

（一）资讯中心信息服务的分类和内容

资讯中心开展的信息服务就是以知识为核心的服务。信息服务活动一般可分为知识服务主要活动和知识服务辅助活动两类。知识服务主要活动机理特征表现为知识管理、知识转化、知识服务；知识服务辅助活动表现为组织管理、质量管理、环境管理。各类信息服务活动在资讯中心对外服务过程中都以不同的方式发挥着重要作用。

知识服务主要活动的机理特征是影响知识服务平台构建的关键因素。图书馆资讯中心数字化服务平台是围绕工作人员面向校外企事业单位和居民进行知识挖掘、处理、转化、存储、传递的管理界面，是校外企事业单位以及居民用户进行信息获取、交流、利用、创新、共享的操作系统，是将知识融入服务地多层次、多功能的管理服务体系中。数字化服务平台是直接影响知识服务活动的技术支撑，也是图书馆服务系统功能实现的关键。图书馆想要提升知识服务能力、为用户提供理想的知识服务环境和服务成果，就必须深入研究和分析知识服务主要活动机理特征，优化构建知识服务平台，创建一个先进、开放、有序、动态和高效的知识存取、交流和共享空间。

信息需求是资讯中心面向企业和居民开展信息服务工作的基础，企业和居民信息需求的内容和特点是资讯中心对外信息服务工作的指导和依据，尤其在面向开发区、各企业园区和企业服务时，了解企业信息需求就显得十分重要。总结起来，企业的信息需求主要包括国家或地区的相关政策及法律法规需求、企业竞争情报需求、企业动态信息需求、金融信息需求、专利信息需求。

（二）国家或地区相关政策及法律法规

国家或地区有关的政策法规是企业发展的推动者，尤其是不同国家和地区对企业的各种优惠政策。企业对国家或地区的政策和法规的信息需求包括国家或地区的产业结构及布局信息、产业组织政策及技术政策信息、企业科技创新政策的改革动态、科技创新的优惠政策、相关标准文献信息、知识产权政策、价格政策以及企业法规等。国家或地区的相关政策及法律法规信息具有较强的权威性。因此，资讯中心在企业信息服务中一定要注重信息源的可靠性和权威性，以便能及时准确地为企业提供相关国家或地区的政策和法律法规。

（三）企业竞争情报

竞争情报是企业为赢得竞争优势，通过合法合理手段开展的与竞争环境、竞争对手以及竞争策略相关的经营活动的总和。竞争情报对企业具有强大的环境监测功能、市场预警功能、技术跟踪功能、策略制订功能和商业秘密保护功能。因此，企业界对竞争情报信息的重视程度越来越高，企业竞争情报服务也逐渐成为资讯中心面向企业提供信息服务的重要内容。然而，竞争情报信息具有很强的隐蔽性和零散性，这无疑给资讯中心的企业竞争情报服务工作增加了难度，因此要求资讯中心加强对竞争情报的识别、加工和处理，提高企业竞争情报的搜集、分析和加工能力，保障企业竞争情报需求。

（四）行业动态信息

行业动态信息是有关企业本行业或相关行业的科研状况和发展趋向的真实需求反映，是企业进行再生产和进行技术创新的参考和依据。企业的行业动态信息需求包括：国内外相关行业的相关技术发展的现状及趋势；本行业内新产品、新工艺、新技术、新材料及新设备的引进与改进状况和技术标准；国内外相关的科技会议、产品展览会、先进行业取得的科研成果以及所达到的技术水平；实用性强、成本低、易转化的科研成果信息等。这些信息经过高度浓缩和提炼，具有较强的新颖性、综合性、专业性、针对性和实用性。资讯中心在信息服务中需要充分考虑到企业对于行业动态信息需求的特点。

（五）金融信息

企业生产中原材料的购买、技术和设备的引进以及人才的吸纳等都需要大量的资金来做保障。因此，企业对金融信息的掌握便成为其生产管理活动中不可缺少的重要一环。企业对金融信息的需求包括与企业有关的国家的税收和附加税、银行的科技贷款、风险资金的规模与投向、企业创新活动中的金融支持、企业内部的财务及国际经贸信息等。这些信息广泛分布于银行、风险投资公司、企业及其他领域，具有较强的零散性和广泛性。资讯中心需要及时地跟踪分析，从中获取有价值的、最新的金融信息来服务企业。

(六)专利信息

据世界知识产权组织统计，全世界有 90%～95% 的发明成果最先在专利文献上公布，大概 70% 的成果只出现在专利中；95%～99% 的技术问题可以通过专利检索解决；利用专利文献可以缩短 60% 的研究时间，节约 40% 的研究经费。[①] 由此可见，专利信息对企业的重要性。资讯中心通过企业专利信息服务，加快企业对相关的专利信息的应用，及时了解最新科研成果信息，以此来帮助企业解决技术难题，加快创新步伐，提高创新效率。另外，企业通过资讯中心专利信息服务还可以及时了解企业的创新是否涉及别人的知识产权、关注国内外已经公开的在研科技项目是否对自己构成威胁等，以免陷入不必要的产权纠纷，从而更好地保护企业自身的专利。

二、面向企业的资讯中心信息服务的结构

(一)面向企业的资讯中心信息服务的结构

面向企业的资讯中心信息服务的结构是以分布式网络和计算机环境为技术基础，基于多元化资源，围绕企业信息活动和信息服务平台来组织、集成、嵌入信息资源和服务，并通过个性化定制、主动推送、自助式服务等方式主动地为企业提供文献信息服务、个性化服务和知识化服务，支持企业自主处理信息、提炼知识、交流协作和解决现实问题，动态地满足企业信息需求。

(二)面向企业的资讯中心信息服务的内容

从信息生产的角度考虑，资讯中心利用信息化手段为企业提供信息服务，其过程涉及信息采集与获取、信息抓取、信息加工与处理、信息存储、信息

---
① 陈振标. 文献信息检索 分析与应用 [M]. 北京：海洋出版社，2016.

传递与推送等流程,从而方便资讯中心成员组织、整理、存储和利用各类相关的数字信息资源,快捷有效地为企业提供其生产研究所需的一系列信息管理服务和资讯内容,包括相关的行业、企业新闻动态,科研论文,科技动态分析,企业专利信息等。

1. 文献服务

文献的借阅、查询和传递主要是指资讯中心的馆藏资源的借阅、查询和传递服务,包括图书、期刊、报纸等纸质型和电子型资源。企业通过高校图书馆的信息服务平台能够实现对纸质型和电子型资源的借、还服务,同时满足企业对纸质型和电子型的馆藏资源的信息需求。

2. 企业剪报服务

企业剪报服务主要是指资讯中心通过把分散于各种报纸的专题信息,经过剪辑,汇集在一起并传递给企业的一种方法。企业剪报服务是由高校图书馆的剪报工作人员对大量报刊资料进行浏览、分析、归纳、整理、确定专题,再通过剪贴、复印、扫描等加工手段,编辑成具有一定价值的专题信息资料册,提供给企业,供其浏览学习,或有目的地查询的一种服务方式。

3. 企业审题信息服务

企业专题信息服务是资讯中心专业的企业咨询人员为社会企业的个人和团体提供的一种有偿信息服务形式。这种服务形式是由专业的企业咨询人员在深入细致的企业研究和课题研究的基础上,针对企业的咨询目标和潜在的信息需求,提出文献检索编制方案,并在企业的认可下,在一定时间内,进行全部的信息收集、整理与编制加工工作,最终提供一套符合实际企业信息需求的情报产品。

4. 企业定题服务

企业定题服务（Selective Dissemination of Information Service，SDI）是资讯中心根据企业信息需求，一次性或定期不断地将符合需求的最新信息传送给企业的服务。也是指资讯中心根据企业信息需求，通过对信息的收集、筛选、整理并定期或不定期地提供给企业，直至协助企业完成课题的一种连续性的服务。资讯中心面向企业的定题服务是情报检索的引申，它是一种特殊形式的检索服务。其特点是具有主动性、针对性、有效性。

5. 企业科技查新服务

企业科技查新服务是资讯中心面向企业开展的一个文献检索和情报调研相结合的情报研究工作，它以文献为基础，以文献检索和情报调研为手段，以检索结果为依据，通过综合分析，对查新项目的新颖性进行情报学审查，并写出有依据、有分析、有对比、有结论的查新报告。也就是说，科技查新是通过检出文献的客观事实来对项目的新颖性做出结论。因此，科技查新有较严格的年限、范围和程序规定，有查全、查准的严格要求，要求给出明确的结论，查新结论具有客观性和鉴证性，但不是全面的成果评审结论。这些都是单纯的文献检索所不具备的，也有别于专家评审。

6. 企业竞争情报服务

企业竞争情报服务（Competitive Intelligence Service，CIS）也称为BIS（Business Intelligence Service）。竞争情报是指关于竞争环境、竞争对手和竞争策略的信息和研究，是一个过程，也是一种产品。因此，资讯中心面向企业的竞争情报服务就是专指资讯中心面向企业提供的竞争情报产品和过程的服务。企业服务过程包括对竞争信息的收集和分析；产品包括由此形成的情报和谋略。

7. 企业专利信息及标准服务

企业专利信息服务是资讯中心面向企业开展的与专利相关的信息服务，主要包括专利信息的查询和检索。专利信息的查询主要是针对专利文献信息的查询。专利检索是高校通过专业的专利数据库，如 STN 和 DIALOG 等，帮助企业检索所需的专利信息，检索结果通常具有准确度高、分析深入的特点。标准服务是指为企业提供有关产品生产、销售以及技术等相关的国家、技术、专利等的标准服务，包括国家标准、国际标准、行业标准、企业标准等。

8. 企业参考咨询服务

资讯中心的企业参考咨询服务大致可分为两种类型，一种是传统参考咨询服务，是以资讯中心咨询馆员和馆藏资源为中心、以纸质文献为基础、以手工操作为主要工作手段、以参考咨询台或参考工具书室和信息检索室等为服务场地、以到馆阅读者为主要服务对象。另一种是数字参考咨询服务，以用户为中心、以数字化电子文献为基础、以计算机网络操作为主要工作手段、以资讯中心网站或虚拟咨询网站为服务平台、以通过网络利用本馆资源的一切用户为服务对象。网络环境极大地拓展了资讯中心企业咨询服务的范围和内容。从咨询范围看，数字化环境的形成使得教育培训服务、定题和专题服务、馆际互借与文献传递等都融入到企业参考咨询服务的范围；从咨询内容看，各种信息技术的利用使得企业参考咨询服务的内容不断向深度发展，由提供文献咨询转向提供信息咨询和知识咨询。

数字化咨询是资讯中心传统参考咨询在网络环境下的延伸与发展。各种网上咨询方式既独立存在又相辅相成，共同构成数字参考咨询服务体系。

9. 企业商业经济信息检索服务

企业商业经济信息检索服务是在资讯中心信息检索服务的基础上发展起

来的面向企业的信息服务内容之一。随着市场竞争环境变得越来越激烈，企业需要的信息也越来越深层次化和专业化，传统的资讯中心的信息检索服务已经不能满足企业商业经济信息的需求，资讯中心需要通过信息检索服务生产出附加值更高的商业经济信息，以满足企业深层次的商业经济信息需求。

10. 企业战略决策咨询服务

战略决策是企业战略管理中极为重要的环节，起着承前启后的枢纽作用。战略决策依据战略分析阶段所提供的决策信息，包括行业机会、竞争格局、企业能力等方面。面向企业的战略决策咨询服务是资讯中心通过综合企业各项信息确定企业发展战略及相关方案的咨询服务活动。企业战略决策咨询服务过程中的战略实施则是更详细地分解展开各项战略部署，实现企业战略决策意图和目标。

第二节 数字化服务平台内容及规划

一、数字化服务平台内容

在资讯中心信息服务平台中，与企业关系最密切的要素包括服务产品、服务提供者、服务的技术或手段、服务策略与方式等要素。企业信息服务将从企业利用信息活动的全过程及企业复杂信息活动的角度重新审视资讯中心企业信息服务系统的功能，充分注意到资讯中心企业信息服务系统中各个要素间的合理配置。

当前，先进的全媒体技术、通信技术、网络技术、数字技术和泛在技术正在从根本上影响着图书馆知识服务活动的机理。优化构建一个智能、高效、可靠、安全的，适应知识服务活动机理的知识服务平台，是图书馆现在所面临的重要课题。知识服务平台是图书馆知识服务的基石，因此必须优化构建。它的功能模块可以包括知识采集平台、知识处理平台、知识存储平台、信息分类与检索平台以及信息传递平台。

（一）知识采集平台

知识采集平台的主要任务是采用现代挖掘技术来多途径获取信息，并对不同来源、不同表现形式的信息在统一标准平台上进行加工、链接与处理。通过互联网挖掘技术，不仅可以获取相关信息，还可以对这些信息进行智能化抽取、转换、分析和模型化处理，挖掘出新颖的、有效的显性知识，并能够通过分析、提取、重组、整合等获得隐性知识。互联网挖掘技术能够对信息内容进行深层次的分析与加工来向用户提供能够用于科学研究、解决问题的规则和模式。这是图书馆信息服务的发展趋势。

（二）知识处理平台

知识处理平台的主要任务是将采集到的信息进行知识化处理，形成系统容易存取的模式，并存放于知识库中。由于知识表现形式的复杂性，需要重新进行整理、编码、存储，建立相关知识条目的逻辑连接关系，以实现快速搜索和存取。知识被编织成各种关系模式，再依次经过组织与重组，变成关联化与类别化的动态知识组合模块，并对其进行描述、评价、揭示、类聚和链接后，形成相互印证、相互关联的知识集合，即知识库。知识库是结构合理、类型齐全、相互依存、相互补充的知识资源保障体系，是一个知识资源管理与服务的系统。为了保证知识库得到良性发展，就需要重点考虑上缴机制、管理维护、质量控制等长期运行机制及知识产权保护等问题。

（三）知识存储平台

知识存储平台的主要任务是将知识库的信息分析过滤，转化为结构化的动态关联知识模块，并存放于知识仓库。知识仓库不同于一般的知识库。它是按某种特定的知识结构将无序信息加以组织整合而成的，具有强大的使用功能。知识仓库能够根据用户的知识需要，按照使用目的创建新的知识体系，体现了知识的创新过程。在帮助用户使用知识方面，知识仓库其实要比知识库更有效率。有效地使用知识仓库技术可以使知识有序化与关联化，并方便知识检索，加速知识流动。通过将知识挖掘技术与知识仓库技术有机结合，从而提高知识获取过程中的演绎和推理能力。

（四）信息分类与检索平台

构建统一检索平台就是要求将图书馆所购买的所有中文数据库通过一个Web检索平台进行发布和检索，因此该平台已集成了图书馆的所有中文数据库。读者在图书馆查阅中文电子数据库时只要登录该平台，只需进行一次检索就可得到所购买的所有中文电子数据库的信息。一方面，使读者从纷繁复杂的数据库检索中得以解脱出来，不再需要去适应每个数据库的检索界面和检索要求，更重要的是读者不用在每个数据库中来回检索和管理了，从而将更多的时间用于科研和工作学习中，极大地满足了读者的需求。另一方面，也大大减轻了图书馆在数据库资源培训方面的压力。统一检索平台所带来的高质量的数字化资源是有效地进行数字化学习的重要保障。

（五）信息传递平台

知识传递平台是实现知识浏览、知识传送及知识创造等功能的服务系统。该平台将特定用户的知识需求传递给知识存储系统，再根据用户的需求对知识内容进行动态地和连续性地组织，最后将知识传递给用户。用户可以通过在传递平台上相互交流与探讨，实现显性知识和隐性知识的共享，从而达到知识价值递增效应。推送技术和智能代理技术是知识传递的重要手段。推送技术是指在指定时间内把用户选定的数据自动推送给用户的信息发布技术，其主要模式有频道式推送技术、邮件式推送技术、网页式推送技术、智能软件式推送技术等；智能代理技术能够根据用户的需求，代替用户进行各种复杂的工作，如信息的查询、筛选与管理等。

二、数字化服务平台规划

面向企业的开放式文献信息服务是指在资讯中心提供的企业信息服务设施或服务终端以及资讯中心信息服务平台上进行的企业的文献信息获取和利用活动。企业可以自主、自动的获得文献信息服务，保证平台服务策略和服务内容具有较强的针对性。

（一）平台构建

在资讯中心开放的物理环境和虚拟的网络环境下，资讯中心通过建设文献资源服务体系、服务内容和服务策略来实现企业文献信息服务。资讯中心的主要工作是以信息资源管理与服务平台的建设、提供与维护为任务，给企业提供文献信息获取中解决问题的工具、策略、方法从而来引导企业的文献信息活动。

（二）平台服务内容

面向企业的资讯中心文献信息服务平台的主要服务内容包括传统的图书借阅服务、期刊借阅服务、复制服务，以及数字图书馆信息服务实践中的电子图书阅览服务、信息检索服务、电子公告板服务（BBS）、信息推送服务、文件传送服务（FTP）、数字参考咨询等服务项目。

面向企业的开放式文献信息服务平台是资讯中心信息服务创新的重要平台之一。该平台通过构建开放式的服务环境，来实现资讯中心文献信息服务内容和项目的无差别共享，具有很强的开放性和自主性。目前，资讯中心开放式文献信息服务的内容和范围还不够深入，资讯中心需要建立一个完整且具有特色的服务体系还需要努力，但随着企业信息需求变化和资讯中心业务流程的重构，开放式文献信息服务需要已经不断升级为更高层次的服务。

面向企业的资讯中心个性化信息服务平台构建在个性化信息服务思想的指导下，资讯中心开展企业个性化信息服务平台的优势在于能根据企业信息使用的习惯，通过企业特征的提取和分析，发现企业信息需求，主动组织馆藏资源，创建面向企业的个性化的服务平台和环境，向企业提供信息服务。企业个性化信息服务平台能够在满足企业信息需求的同时，分析并引导企业的信息需求，帮助企业发现并挖掘其潜在的信息需求。因此，构建面向企业的个性化信息服务平台和资讯中心开展企业信息服务的重要举措。

第三节 面向企业的个性化信息服务平台构建

资讯中心企业个性化信息服务平台以满足企业的信息需求为目的，是一种培养企业个性、表现企业个性的服务。平台主要实施措施包括企业信息服务定制、企业信息推送服务、垂直门户、企业智能代理、企业级My Library、企业呼叫中心等。

一、面向企业的个性化信息服务平台的特点

面向企业的资讯中心个性化信息服务平台包括两个方面的特点：①企业根据自身需求在资讯中心个性化信息服务平台定制所需的资源、信息和服务。②资讯中心个性化信息服务平台针对企业的个性和特点，主动为企业选择并传递资源、信息等动态信息。

在企业个性化信息服务平台上，企业的认可是平台的出发点，主动服务是平台的基本模式，双向沟通是平台的成功要因。平台通过建立面向企业的个性化服务机制来与企业进行零距离的双向交流、互动，设计企业所期望的个性化信息服务模型，那么，既可实现企业当前的、明确的需求，又能满足企业未来一段时间的、潜在的信息需求。企业个性化信息服务具有以下特点。

（一）以满足企业个性化信息需求为目的的主动服务

面向企业的资讯中心个性化信息服务平台是一种能够满足企业个性化信息需求的主动服务、以企业为中心的服务。平台通过对企业个性、使用习惯的分析，提取出企业信息使用的特征，主动向企业提供其可能需要的信息实现信息推荐服务；平台能帮助资讯中心发现企业个体地个性，并针对不同的企业个性主动采用不同的个性化服务策略，设计适合企业行业信息需求特点的个性化信息服务，帮助企业定制个人服务，提高服务效率和服务质量，从而使企业的个性化需求得到最大限度的满足。

（二）以现代网络信息技术为支撑的网络服务

面向企业的资讯中心个性化信息服务平台是以现代网络信息技术为支撑的网络服务平台。计算机和网络技术在资讯中心的应用，使企业信息服务系

统具有可定制性、共享性、集成性和高效安全等特点，平台能根据企业需要，提供定制的信息资源，并使用安全认证技术保护企业的隐私和信息使用安全。目前，个性化信息服务平台所需的支撑技术主要包括智能代理技术、数据推送技术、过程跟踪技术、网页动态生成技术、Web 数据库技术、数据加密技术、安全身份认证技术等。

（三）人性化信息服务

面向企业的资讯中心个性化信息服务平台是人性化的信息服务。平台信息服务是一种"企业需要什么，资讯中心就提供什么"[①]的服务，体现了以人为本的服务思想。企业信息化的发展，计算机技术和网络技术的应用，使企业的信息需求更加专业化和个性化，这就要求资讯中心在开展企业信息服务时，必须围绕企业的需求展开，以企业的特性和需求为中心，为其单独设计或让企业根据自己的喜好去选择和组配，从而在为众多企业服务的同时，能够根据企业自身特点，提供一对一的服务来满足企业个性化信息需求。

（四）交互式信息服务

面向企业的资讯中心个性化信息服务平台是交互式的服务。面对信息量庞大、信息类型复杂、格式多样的信息资源，许多企业往往缺乏信息检索和信息资源管理与开发的能力和经验，平台能有效实现企业和资讯中心之间的双向沟通，在为资讯中心主动提供服务的同时，企业可以依据其行业特点、产品的特性、市场的特点等提出自己的信息需求。资讯中心和企业形成信息的交互，从而能够更高效的开展信息服务。

---

① 钟新春，赵世华. 信息服务实践与应用 [M]. 北京：北京邮电大学出版社，2017.

二、面向企业的个性化信息服务内容

（一）企业信息服务定制

企业信息服务定制是指企业通过面向企业的资讯中心个性化信息服务平台进行的界面定制、个性化信息服务内容定制和个性化信息检索定制服务，其目的是开发资讯中心信息资源和扩展资讯中心个性化信息服务的发展。

企业个性化的信息服务界面和内容的定制是指企业可以通过资讯中心的个性化信息服务平台定制服务界面和内容。企业可以根据自己的需求和目的，选择定制页面服务的显示方式，包括界面的布局、显示的颜色、显示内容的排序方式，而内容包括信息的资源类型、选取特定的系统服务功能等。这样企业可以决定高校图书馆个性化信息服务平台网页提供信息的主题内容、资源类型以及相关服务等。

个性化信息检索定制是指企业在数据库检索查询中，不同的企业由于其检索知识和所处的领域不同，其习惯往往也不同。有的会使用简单检索，企业专业的技术研究人员会习惯使用高级检索。另外，不同的行业、不同性质的企业可能用不同的词汇表达同一概念，或者使用很专业的词汇作为检索对象，不同企业对检索结果的选取原则和排序方法也可能不同。这些正是企业个性化的显著表现。

因此，资讯中心个性化信息服务平台的检索定制需要充分支持不同企业在检索策略、检索方法和检索结果处理上的个性化。资讯中心的检索定制服务包括个人检索模板定制、检索工具定制、检索式表达方式定制、个人词表定制、检索结果处理定制、检索历史分析定制。

（二）企业信息推送服务

利用推送技术发展起来的企业信息推送服务是资讯中心面向企业开展个性化信息服务的重要服务措施。信息推送服务是个性化主动信息服务，可直接把用户感兴趣的信息推送给用户而无须用户索取。面向企业的信息推送服务是指利用推送技术，按照企业指定的时间间隔或根据企业的服务请求把企业选定的信息、数据或者服务自动推送给企业的计算机技术。目前，信息推送服务一般来说可分为两类：①借助电子邮箱并依赖于人工参与的信息推送服务。②由智能软件完成的全自动化的信息推送服务。推送方式主要有四种：基于频道的推送、基于邮件的推送、基于网页的推送和专用式推送。资讯中心面向企业的信息推送服务的最大特点就是企业请求一次性的输入，平台的推送服务系统定期地、不间断地把和企业请求相关的最新信息发送给企业。

（三）垂直门户

垂直门户是资讯中心面向企业的个性化信息服务平台，它针对某一特定企业和某一行业领域的企业的信息需求提供有一定深度的信息服务和相关服务。高校图书馆面向大众服务的综合性门户很难满足特定企业或者某一行业企业获取"少而精"专业相关信息的需求。而垂直门户可以把某一特定领域的企业的特定需求与一般企业的普通需求区分开来，从而提供个性化的高品质信息服务。垂直门户的优势在于：具有查询信息的专深性、精品性等特点，便于开展特色化、个体化服务；能满足某类企业特定的需求，提供某个特定领域或行业的内容和服务；通过整合网上特定的专题信息资源并对其进行筛选、过滤、加工挖掘，组织建立目录式索引，提供源站点地址，并附带专业搜索引擎，以满足企业特定信息需求；可提供高质量、可靠的内容、允许跨资源库的检索,还能提供数字化参考咨询、共享的工作空间、跨平台的商业数据库入口,等等。

(四)企业智能代理

智能代理是指资讯中心面向企业的个性化信息服务平台完成企业委托任务的计算机系统。智能代理不同于一般的普通软件,利用它可以快捷地在高校图书馆的数据库中寻找企业想要的信息,具有一定的推理能力,能比较准确地判断企业的需求,有针对性地提供信息、解决问题。智能代理作为一个独立的个体也能自主学习,并将企业的兴趣、爱好、习惯等信息直接转化为内部信息,存放在资讯中心知识库中,通过建立企业模型来指导资讯中心智能代理的决策,使之符合企业需求。智能代理通过各种通信协议和多个智能体进行信息交流,并通过协作和磋商来共同完成资讯中心企业信息服务负责的任务。资讯中心智能代理由界面代理、通信协作代理、浏览代理、通知代理、监督代理、数据库管理代理、信息探测代理等功能模块构成。通过智能代理的信息导航、智能检索、动态个性化生成、管理信息库等功能来实现企业个性化信息服务。

(五)企业级 My Library

在 20 世纪 90 年代末,英国、美国等地的资讯中心开发了一批有影响的 My Library 个性化服务系统,开始了图书馆个性化集成信息服务系统的研究。《数字图书馆个性化服务方式综述》一书的作者认为,My Library 是一种个性化服务方式的具体应用,是当前开发应用较为成熟的图书馆个性化服务系统,也是完全个性化的私人信息空间。[①]My Library 连同虚拟图书馆、学科

---

① 郭海明.数字图书馆个性化服务方式综述[J].津图学刊 2003(6):33-36.

信息门户、数字图书馆和个人数字图书馆,都是个性化色彩较强的信息资源组织模式。My Library 的倡导者埃里克·里斯·摩根认为:"My Library 是一个图书馆所提供的由用户需求驱动的,可对特定图书馆的信息资源进行个性化定制的个性化服务系统,也是图书馆提供给用户的本馆信息资源的一个门户。"[①] 以 My Library 为代表的图书馆信息服务模型是目前为止最具代表性和最成功的个性化信息服务实现方案。

从以上文献中可以得出这样的定义:企业级 My Library 个性化信息服务系统是一个以企业为中心、可操作的、个性化地收集并组织数字资源的企业个性化信息服务系统。

企业级 My Library 系统的个性化服务理念和服务系统是面向企业的服务,它提升了资讯中心信息服务的质量和服务的深度。企业级 My Library 个性化信息服务系统的目的是为企业创建基于资讯中心特定馆藏资源的个性化地资源与服务的门户。企业通过登录 My Library 系统,选择信息资源,创建企业信息系统门户,从而对信息资源进行自我管理。

(六)企业呼叫中心

呼叫中心是一种专门提供一对一用户的个性化服务系统,是基于计算机电话集成技术,充分利用通信网络、计算机网络的多功能集成的综合信息服务。它是现代企业开展客户服务、市场营销、技术支持和其他特定商业活动而接收和发出呼叫的一个渠道。资讯中心建设企业呼叫中心,以便吸引企业通过电话、传真、拨号和访问网站等多种方式进入资讯中心,在企业呼叫中心自动语音导航或服务人员的指导下访问资讯中心的数据库,资讯中心信息

---

① 杨晓湘,孙坦. 中美图书馆 MyLibrary 个性化服务系统的比较研究 [J].2005(10):218.

服务人员还可以直接回答企业的咨询问题，从而实现资讯中心企业信息服务项目。高校图书馆企业呼叫中心需要建立企业信息服务历史数据库，对企业信息统计分析并进行数据挖掘，定期自动地向企业发布新信息，为企业提供全天候个性化信息服务。

三、面向企业的个性化信息服务平台构建

面向企业的资讯中心个性化信息服务平台的构建主要包括企业兴趣关联知识库的确定、资讯中心检索系统以及资讯中心信息组织等。

（一）平台兴趣关联知识库

个性化信息服务是基于企业的个性化信息服务需求基础上的，通过对企业的信息利用特征以及企业的反馈，比如企业的特征数据库、兴趣采集库等，资讯中心能够利用相关的信息技术来建立企业的兴趣关联知识库，指导资讯中心进行个性化信息服务。

（二）平台检查服务系统

在面对企业个性化信息服务需求时，资讯中心需要对本馆资源和网络信息资源进行一定的整合，同时按照企业信息需求和使用的特点对资源进行一定的排序，建设企业信息服务的专题数据库；也可以针对企业群的信息需求特点，建设特色数据库，建设资讯中心企业个性化信息服务平台的信息检索服务系统。通过平台建立的兴趣关联知识库和企业的服务需求，就能及时、快速地在资讯中心的信息检索服务系统中检索服务内容，第一时间推送到企业。

（三）平台信息组织

个性化信息服务平台的信息组织是对平台检索服务系统检索出来的企业需求的信息进行组织和加工，以方便企业信息利用和以管理的形式呈现出来。检索服务系统检索出来的信息大多是无序的、大量的信息，甚至还有很多没有用的信息，这些信息必须经过资讯中心服务人员的信息组织加工才能形成有高附加值的、能直接服务于企业的信息或者情报。个性化信息服务平台的信息组织是建立在一系列的信息组织方法之上的，比如知识发现、数据挖掘、信息推理和知识抽取等。

（四）平台服务推荐

资讯中心通过对平台信息的组织，形成企业信息服务的资源库，并随时向企业进行资源推荐。

（五）平台服务内容

个性化信息服务内容主要包括定题服务、科技查新服务、竞争情报服务、专利及技术标准服务、培训服务、行业政策法规服务等。

第四节 数字化服务平台使用的关键技术

一、信息采集技术

（一）传统知识资源的采集

传统知识资源采集主要是指针对印刷版图书、期刊的采集行为。一般而言，在此类知识资源的采集中，各高校都是围绕教育部高校评估的指挥棒而转动的。高校评估是促进高等教育发展的重要举措，同时也给高等学校图书馆的发展带来了机遇。以本科高校的评估指标为例，其对图书的规定是人均图书册数。但是，中小学校的合并、升级的新本科院校或高职院校，由于在合并之初图书馆资源本身较少，因此在指标的要求下过分追求数量而忽视了图书期刊质量的要求，既要达标又要节约经费，不得不通过购买大量特价图书来补充资源库。但是，知识资源得不到利用才是最大的浪费，而且对于资源建设的连续性也是一种极大的冲击，造成图书、期刊的半衰期加快、资源使用有效性减少等问题。这一状况使图书馆的知识资源采集偏离了它的本来目标，即满足高校师生科研、教学、管理的需要，变成了对符合评估指标的追求。因此，作者认为应将人均图书数量这一评估指标与图书采购经费协调一致，将其变成既重投入又重质量。

（二）网络知识资源的采集

网络知识资源的采集是一个系统的工程，包含对于网络知识资源的搜集、整合、加工、发布、反馈等流程。一般而言，图书馆都将其作为对传统知识资源的补充方式，根据本馆知识资源的缺失做出调整。多采取浏览器、搜索引擎等信息技术分析采集，然后依据知识资源的学科类别进行标引，以形成图书馆内部的数字资源，为科研教学服务。同时，还要为师生提供多元化的、系统的、便捷的知识查询和基于知识组织挖掘的知识服务。整合后的知识仓库中的数据是各异构数据资源的有机合成和关联存储，并不是数据简单的汇集和堆放。通过数据接口技术形成统一的操作平台，然后通过建立索引系统、网络发布系统等工具实现知识传播，能够为师生服务。

二、信息存储技术

信息化、网络化的发展，使数字文献在资讯中心文献资源服务中扮演着重要角色，数据库成为资讯中心数字文献资源的主要表现形式。资讯中心面向企业的信息服务需要加强数字化资源建设，首先需要对已有的资源进行整合，将不同类型、不同结构、不同环境、不同用法的各种数据库纳入统一的检索平台上，以便企业更方便、更高效地获取信息。

资讯中心要整合的数据库主要包括书目数据库、文摘数据库、全文数据库、电子期刊和电子图书数据库、网络数据库等。这些数据库分布在不同的服务器，由不同的信息服务公司和出版社提供或者是由各资讯中心自建，成为不同特性的数据库。其特征表现为：数据模型不同、数据结构不同、系统控制方式不同、计算机平台不同、通信协议不同、通信结构模式不同、操作系统和网络不同。资讯中心数据库的相关技术有通用网关接口技术（CGI）、开放数据库互联技术（ODBC）、Java 数据库互联技术（JDBC）、ASP 技术和 JSP 技术、XML 中间件技术等。资讯中心通过综合应用这些技术来实现资源整合，进行数据库之间的连接和数据转换，接受企业对这些数据库的并行交叉访问和查询，实现查询结果的融合处理并反馈给企业。

三、信息分类与编码

信息分类与编码（Information Classification and Coding）是根据信息内容或特征，将信息按照一定的原则和方法进行区分和归类，建立一定的分类系统和排列顺序，并用一种易于被计算机和人识别的符号体系表示出来的过程，也是合理地将信息对象数字化、符号化的过程。信息分类、编码的目的是促进各个异构数据源之间的数据共享和交换,从而有效地利用信息资源,提高整个应用系统地性能。企业级信息分类编码是指在企业信息系统环境下,统一对整个企业范围内的信息进行分类与编码。而这种统一目标则不是单一的,更多的是多个目标的综合。在企业信息化进程中,只有当基础信息按照一定的规律进行分类和编码,将其合理、有序地存入计算机,才能快速、有效地对它们进行存储、管理、检索分析、输出和交换。信息分类编码已经成为企业基础数据标准化建设与基础数据库数据组织、存储、管理和交换的基础,也是实现数据共享与互操作的必然。

信息分类与编码是标准化的一个领域,目前已经发展成为一门学科,有其自身的研究对象、研究内容和研究方法,并已经成为信息科学的一个重要分支。在工业社会中,信息分类与编码是提高劳动生产率和科学管理水平的重要手段。正如美国新兴管理学的开创者莫里斯·库克所说:"只有当我们学会了分类和编码,做好简化和标准化工作,才会出现任何真正的科学的管理。"在信息化时代,信息的标准化工作越来越重要,没有标准化就没有信息化,信息分类编码标准是信息标准中最基础的标准。

四、信息检索与推送

(一)信息检索

企业对于其需要的文献,总是希望在最短的时间内获得最全面的信息,这就需要资讯中心提供全文检索技术的支持。全文检索(Full-text Retrieval)是指以全部文本信息作为检索对象的一种信息检索技术。该技术无须对文献进行标引即可实现对文献的检索,是一种面向全文、提供全文的新型检索技术。该技术可以使用原文中任何一个有实际意义的字、词作为检索入口,且

第六章　互联网背景下高校图书馆资讯数字化服务平台建设

得到的检索结果是源文献而不是线索文献。该技术的核心是维护一个高效的索引，索引的内容全部来自被检索的文本信息。全文检索系统具有全文数据库功能，具备逻辑检索、截词检索、字符串检索等功能，企业在检索信息中可以用自然语言检索并直接获得原文的检索系统。全文检索技术被广泛应用于资讯中心的各种全文数据库，使高校图书馆检索服务功能发生本质的变化，企业通过检索可以直接获得文献的全文。

（二）信息推送

信息推送技术（Push）最早于1996年由美国Point Case Network公司提出，其目的在于提高信息通过计算机网络的获取效率。近年来，随着RSS信息聚合技术、Agent智能代理技术、系统过滤技术等成功推出，信息推送技术被迅速应用到电子商务、数据库、图书馆、电视广播以及通信系统等应用领域。

信息推送是通过一定的协议或技术标准，在因特网上通过定期传送用户所需要的信息来减少信息过载的一项新技术。准确地说，它属于目前最新的第三代浏览器的核心技术，其关键是能够根据用户的需求，主动地将最新的信息分门别类地发送到相应的用户设备中，从而有效地改变人们获取信息的方式，较大地提高了互联网信息的使用效率。

传统的信息拉技术（Pull）是通过统一资源定位符（URL）来进行信息资源定位的。在因特网上，人们获取信息的方法是使用各种搜索引擎来查找各个服务器在网络中的定位符，再通过定位符去访问该服务器所提供的信息，同时使用定位符来定位信息资源。它把重点放在用户端，因此没有在"信源"与"信宿"之间找到标准化的沟通方案。因特网发展到今天的规模，网上遍布着大量的信息资源，定位符这种信息资源定位方式，在时延、响应时间、查全率、查准率等性能指标上都已不能满足用户的需求。因此，以拉技术为代表的信息获取模式已成为进行信息共享的技术瓶颈。

　　推送技术同传统的拉技术相比，最主要的区别在于推送技术是由服务器主动地向客户机发送信息，而拉技术则是由客户机主动地向服务器发出请求信息。推送技术的优势在于信息获取的主动性和及时性。在客户／服务器的应用程序中，推送技术能够向客户发送数据而无须其发出请求，例如，服务器向客户发送电子邮件。推送技术所提供的服务通常是事先表达好喜好的信息，这就是所谓的订阅／发布模型。一个客户端可能"订阅"不同种类的信息"通道"，一旦在这些通道中有新的内容，服务器就会将信息推送到用户端。

　　信息推进技术正在改变着人们在因特网上对信息的访问方式，它将由用户主动地去搜寻信息变为被动、有目的地接收信息。推送技术不仅仅是一种单纯的信息提交的技术，它还更能够把 Web 服务器中的信息、数据库中的数据、音频以及视频等信息捆绑起来，在防火墙内外向用户提供丰富的多媒体信息。

　　目前，信息推送的实现方式主要分为消息推送、代理推送、频道推送三种。其中消息推送是根据用户提交的需求信息，通过电子邮件系统或其他消息发送系统将有关信息发送到用户端；代理推送是指使用代理服务器定期地或按照用户指定的时间间隔在网上搜寻用户感兴趣的信息，并将搜寻到的结果发送给用户；频道推送则需要提供一整套推送服务器、客户端部件及开发工具等组成的集成应用环境，通过将某些网络站点定义为浏览器的频道，推送服务器则负责将收集到的信息形成频道内容后推送到用户端。

　　信息推送模式的主要优点在于及时性好、应用面广、对用户没有技术上的要求。目前，大多数的客户机推送软件都可以向用户提供最新的新闻订阅信息，而这一功能是以前任何浏览器程序都无法实现的。客户机推送软件不仅可以对信息进行分类，还可实时地向用户发布最新的新闻订阅信息。客户机上的推送软件的操作方式是：当有新的订阅信息内容可获得时，客户机便可自动被告知。大部分客户机推送软件是采用预约的模式，即这些客户机推送软件均按预定义的时间间隔定时向提供信息的服务器进行询问，以查询当前是否有新的信息内容可以提供。

用户还可以选择对这些客户机软件的接口进行定制，以使它们所提供的信道成为专用信道，即让每一信道只传送某一指定信息提供商所提供的某一类指定信息。当新的信息需求被提交时，客户机推送软件将通过以下方式通知用户：通过发送电子邮件、播放一个提示声音提醒、显示一个图符，或弹出某一应用、通知单等来告知用户有新的信息到达。

（三）网络资源挖掘技术

资讯中心企业信息服务平台的网络资源是资讯中心信息资源的重要组成部分，而网络资源的鉴别、评价、收集、整理、组织、存储成为资讯中心开展信息服务的一项重要工作。网络资源挖掘就是从大量的互联网文档集合中发现蕴藏的、有潜在应用价值的模式，处理的内容包括静态网页、网络数据库、互联网结构、用户使用记录等，这些信息具有网络资源信息量大且增速快、传播范围广但时效性差、信息发布自由且来源广泛、内容杂且质量不一等特点。资讯中心就需要借助这些数据挖掘的思想和方法，进行 Web 挖掘，从数以亿计的 Web 页面中挖掘出对用户有用的信息。Web 数据挖掘大致可分为：内容挖掘、结构挖掘和用户使用记录挖掘三种。

通过 Web 数据挖掘，提取网络资源中的有用知识以建立资讯中心的网络资源知识库；通过对用户的访问行为、频度、内容等分析，得到关于企业访问行为和方式的知识，用以指导改进服务。通过对这些企业特征的理解和分析，还可以有效推动个性化服务开展。Web 数据挖掘技术已经在资讯中心知识导航服务、个性化服务和数字参考咨询服务中被广泛应用并成为关键技术支撑之一。

（四）智能代理技术

智能代理（Intelligent Agent）由一个多智能代理系统组成，是一种智能性的、可进行高级复杂的自动处理的代理软件。它具有如下特征。

①代理性与自主性。可以在用户没有明确具体要求的情况下，根据用户需要，代替用户进行各种复杂的工作，如信息查询、筛选及管理，并能推测用户的意图，自主制定、调整和执行工作计划。

②智能性与协作性。先进的智能代理彼此间能进行交流，共同执行单个智能代理软件所不能胜任的任务。例如，学习型智能代理作为一个独立的个体能自主学习，能与用户并行工作，并将用户的兴趣、爱好、习惯等信息直接转化为内部需要，存放在知识库中，通过建立用户模型来指导自己的决策，使之符合用户需求。

③移动性与异构性。智能代理技术更适应网络分布式要求，不仅可以减轻网络负载，提高效率，还可以异地自主运行，具有很强的应变能力，使系统运行达到最优化；具有异构性，可以用来解决网络的异构、低宽带和连接不稳定等问题，有利于提高信息服务与获取的能力。

同时，智能代理技术具有以下功能。

①管理个性化的信息代理库。主要是管理用户个人资料及其个人目录下的信息库。

②信息自动通知。它能根据用户的需求和环境的变化，主动向用户报告

并提供服务，当信息用户指定了特定的信息需求之后，智能代理能够自动探测到信息的变化和更新，进而将其下载到数据存储地存放起来，同时智能代理能将该信息自动地提示给用户。

③浏览导航。智能体具有一定的推理能力，能比较准确地揣测用户的意图，通过分析得到用户感兴趣的知识领域，同时能向该信息用户推荐与该领域更密切的网络信息。

④智能搜索。根据信息用户的特定需求，进行信息过滤，为用户提供更精确的信息。

⑤生成动态的个性化页面。智能代理能依据所存放的信息动态地生成网络页面，给信息用户提供一个舒适而友好的浏览界面。此外，智能代理还具有监督代理、协调与解决冲突等功能。显而易见，这种具有智能性，可支持高级、复杂的自动处理的智能代理技术一经应用于信息组织与检索领域，必将成为网络信息资源组织模式优化的利器之一。

（五）知识仓库技术

资讯中心的知识仓库是一种特殊的信息库，库中的数据有相关的语境和经验参考。知识仓库技术是资讯中心知识信息服务的重要技术之一。在知识仓库中不仅存储着资讯中心的知识条目，而且还存储着与之相关的事件、知识使用记录、来源线索等相关信息。知识仓库不仅能有效地帮助资讯中心开发知识，帮助企业利用知识，还可将资讯中心参考咨询服务中企业提出的问题、检索方案、解答及反馈等信息进行存储，并形成知识仓库，既可供企业检索利用，又可在参考馆员之间传递经验。

第七章 互联网背景下高校图书馆服务内容创新

第一节 互联网背景下高校图书馆资源共享服务

随着各种社交网络、物联网等新兴技术的兴起,大数据时代的到来,学术界、工业界、政府机构都开始关注大数据问题,人类已经进入到以深度挖掘数据价值为核心的大数据时代。人们可以通过对大数据之间的关系进行分析,得出准确的结论,从而做出科学的决策。同时,人们还可以通过分析海量数据来预测某件事情发生的可能性。高校图书馆拥有海量的数字资源优势,如果借助大数据发展,可以进一步推动数字资源建设,为用户提供更好的信息服务。为此,应探讨如何利用大数据思维和技术解决高校图书馆数字资源共享问题。

一、高校图书馆联盟的数字资源具有大数据特征

一是随着高校图书馆数字化建设的深入以及在 Web2.0 时代用户对高校图书馆的文献资源数字化需求的增加,单个高校图书馆的数字资源虽然不具备"大数据"的特征,但高校图书馆联盟的数字资源已经具有了"大数据"的特征。二是高校图书馆的数字资源总量在不断地增长之中,伴随着高校图书馆数字资源用户的增加,高校图书馆对用户进行服务的信息也在不断产生

非结构化数据，高校图书馆联盟的数字资源和服务信息产生的非结构化数据是个海量的数据集。三是随着信息技术的发展，用户对高校图书馆数字资源的信息服务的要求也在不断地提高，不再仅仅局限于对数字资源的查询、查找等一些常规的信息服务，而是转向更深层次地对数字资源的数据挖掘与数据分析。高校图书馆联盟必须根据用户的需求做出数字资源的信息服务策略的改变，以迎合用户对数字资源的信息服务要求。

二、大数据时代高校图书馆数字资源共享的优势

（一）数字资源优势

大数据的主要思想是将分散的数字资源集中起来，从中进行数据挖掘和分析，发挥其数据量大的作用。高校图书馆数字资源包括电子图书、电子期刊、各种数据库、音视频资源在内的海量数字资源。单个的高校图书馆的数字资源达不到大数据的标准，但对于高校图书馆联盟，大数据的范围是高校图书馆联盟的全部数字资源。在大数据时代，要对高校图书馆联盟的全部数据进行分析和利用，利用云计算和可视化技术得出精确的结果，并预测未来发展趋势。

（二）海量数据产生的优势

用户对高校图书馆的数字资源的使用，会产生许多的交互数据，使得高校图书馆的非结构化数据快速增加。移动图书馆为高校图书馆的数字资源提供了基于移动网络平台的信息传输途径和服务渠道，同样，以微博为代表的个性化信息服务，也会产生大量的交互数据。将这些数字资源分布在不同的高校图书馆管理系统中，形态不同，组织方式各异，各种数字资源的整合发

生在同一个云平台中，而云计算技术为大数据的发展提供了技术支撑，云计算技术突破了传统图书馆发展局限，通过云计算技术把这些数据集中起来，形成高校图书馆联盟大数据的数字资源体系。同时，云计算具有超强的数据处理能力，并具有对数字资源进行动态分配的能力。

（三）技术优势

云计算技术已在高校图书馆得到应用，而大数据的处理是以云计算技术为基础的。应用云计算技术中的虚拟化技术可屏蔽服务器、网络、存储等物理设备间的差异，可解决物理设备之间无法共享的问题。将高校图书馆联盟现有的硬件设备整合在一起，对硬件设备进行统一调配。利用云计算技术中的虚拟化技术将各高校图书馆的硬件设施都利用起来，降低了高校图书馆联盟的硬件建设成本，从而为实现数字资源共享提供硬件保障。借助云存储技术，将分散存储在不同高校图书馆的数字资源进行整合与存储，数字资源由云端统一存储和管理，同时，将用户需要的数据进行动态部署，加快信息服务的进程。采用合理的网络协议，对云计算网络进行严格监控，并由高校图书馆联盟的技术管理人员进行统一管理、维护和监管，提升高校图书馆的数字资源的安全程度。

三、大数据时代高校图书馆数字资源共享问题解决策略

在大数据时代，要解决好高校图书馆数字资源共享问题，我们应探讨高校图书馆的数字资源共享的建设策略、运行策略和安全策略。

（一）大数据时代高校图书馆数字资源共享的建设策略管理层面

大数据共享建设是一项有规划和有可持续发展机制的系统化工程，必须

要有良好的建设策略。为此，高校图书馆数字资源共享需要根据大数据时代的要求，高校图书馆联盟要建立大数据管理机构，其功能主要有：①主要负责制订和发布大数据建设和数据共享细则、标准。②负责数据存储，以及处理数据版权事项等工作。③负责数据的管理、使用和分析等工作。同时，各高校图书馆设立大数据基层管理部门，这是大数据组织机构的基层管理单位，主要负责落实高校图书馆联盟数据管理机构对大数据的规划和要求，组织本图书馆完成基础数据的收集、录入、审核等工作。同时，在高校图书馆联盟数据管理机构指导下统一进行数字图书馆的建设与管理，从而整体推进高校图书馆数字资源共享建设。

1. 技术架构层面

大数据技术是指从各种类型的大数据量中，快速获得数据中有价值信息的技术。构建图书馆大数据技术架构，研究解决大数据采集、存储、处理、分析和应用等相关问题。搭建合理的大数据技术架构是基础性工作，也是整体性工作。大数据技术架构，自底向上，第一层是大数据的采集工作，即对结构化、半结构化、非结构化数据的采集。大数据技术架构的第二层是大数据的存储工作，可以采用云存储、NoSQL、HBASE等技术对数据进行存储。大数据技术架构的第三层是大数据处理工作，即大数据的集成、数据建模、重复数据删除、数据加密、数据备份等工作；大数据技术架构的第四层即大数据的应用，包括信息检索、数据挖掘、数据可视化、学科化服务、知识服务等。

2. 建设统一的大数据平台

高校图书馆联盟通过建设统一的大数据平台，对各高校现有的数字资源进行整合，以便进行统一的管理和调配。大数据平台数字资源的采集要充分利用云计算技术，整合各高校图书馆现有的网络、硬件设备和数字资源，初期对分散在各高校图书馆的数字资源的数据进行抽取和索引，数字资源存储在各高校图书馆，随后逐渐将数据存储集中到大数据平台，最终建立一个为各高校图书馆提供保存数字资源、数据查询、分析数据的强大的云端平台。大数据平台采用面向服务的架构，将各类数字资源以按需获取、个性化定制的信息服务形式提交给用户，有助于解决高校图书馆数字资源建设中存在的诸如资源利用率低、信息孤岛、数据安全等问题，从而促进高校图书馆数字资源共享，为需要数据服务的用户提供信息服务。

（二）大数据时代高校图书馆数字资源共享的运行策略

1.数据运行方面

数据是大数据平台的基础，数据的规范性、准确性以及及时性的更新，对高校图书馆数字资源共享大数据平台作用的发挥有着重要影响。所以，要建立制度化、系统化的数据维护规则，以确保数据来源、审核和使用的各个环节有序进行。

2.技术运行方面

技术运行维护的对象主要是高校图书馆联盟数字资源的硬件设备、软件系统和数据保存。因此对硬件的采购，要制定性价比高的采购计划。在日常中，重视对硬件的维护，同时，建立灾害备份管理中心，以确保大数据平台的运行安全可靠。软件系统方面，要对数据管理系统的使用的友好性、管理数据的方便性、数据运行的快速性等进行及时评估，听取管理者和用户的反馈意见，以便对系统进行升级或更换，优化运行效率。数据保存维护方面，要注意数据存储与使用的合理匹配，保证数据存储的安全和快速，确保用户查询数据高效、准确。

3.网络运行方面

在建立统一的高校图书馆联盟大数据平台的基础上,利用技术力量对网络进行维护,加强对大数据平台的网络管理,建立网络规划,并组织精心实施,避免因网络的重复建设,而导致人力、财力、物力的浪费。同时,建立网络监控技术系统,对网络运行中存在的问题及时发现,及时维护,避免因网络的问题而造成数据丢失或数据查询困难。

4.绩效管理和评估反馈方面

建立绩效评估机制,定期对大数据平台的使用效果和情况进行评估,防止各高校图书馆因各自的利益而消极规避高校图书馆数字资源的共享,确保各高校图书馆的数字资源共享长期开展。因此,建立绩效评估机制也可调和各高校图书馆的利益矛盾。建立评估反馈制度,高校图书馆联盟管理机构要对大数据平台的数据的使用情况和安全性进行监控,定期提出指导意见,并进行反馈。同时,大数据管理机构要收集各高校图书馆和用户对大数据平台的反馈意见,发现问题要及时研究,找出解决问题的方法,及时进行修正。

(三)大数据时代高校图书馆数字资源共享的安全策略

1.数据的安全制度建设

在进行大数据平台建设时需要从国家层面制定数据的安全法规,以及高校图书馆联盟数字资源共享安全进行法律保护。同时,对建设大数据平台标准的安全运行机制、数据标准等进行统一规定,越详细、操作性越强的规定,越能减少高校图书馆成员之间在沟通中产生的歧异,以便数据运行安全平稳。还要制定高校图书馆联盟数字资源安全检查制度,实现对高校图书馆联盟的数字资源的保护有章可循,确保在制度上减少对高校图书馆联盟数字资源安全的制度漏洞。

2.加强安全监控能力建设

加强日常对大数据平台运行情况的监测，对传输中的数据、正在运行的进程进行监控，共享的数字资源要定期进行安全扫描，确保运行状态安全。在建设高校图书馆联盟数字资源的大数据平台标准的前提下，对大数据平台的各高校图书馆的节点配置安全措施，如果某节点出现安全报警，就将发生问题的节点与整体进行隔离，确保大数据平台的主体安全。同时，要对大数据平台本身的安全监控数据进行整理和分析，若发现问题，则尽早采取相关处理措施。

3.提高数据安全防范意识

重视保护和挖掘大数据价值的同时，高校图书馆联盟的数据管理人员要具有保护数字资源的敏感性和责任感的意识。高校图书馆联盟的数字资源是一座巨型的宝藏，通过挖掘分析可以对学科的发展方向进行分析、评估和预测，对学科建设和发展将产生巨大的作用。加强数据管理人员的安全素质培训，培养数据管理人员的安全的大局观和理念，只有具备大局数字资源的安全意识，才能全面推动高校图书馆数字资源共享建设的科学发展。

大数据技术可以忽略数据类型、时间和空间的限制，从而建立高校图书馆联盟数字资源共享，实现数字资源的联通和集中。同时，通过数字资源共享，大数据技术可以大大提高数字资源的价值。利用大数据技术建设高校图书馆联盟建设大数据平台，实现高校图书馆之间的数字资源的共享。在大数据时代，高校图书馆联盟数字资源共享建设应从三个方面进行：①建立一套完善的运行机制。大数据建设是一项系统工程，必须建立一整套的运行机制，以保障数字资源建设过程中各个环节的有序进行，并做好顶层设计，实现真正意义上的高校图书馆联盟数字资源的整合。②制定一套规范建设的标准。

制订各类数据的规范建设标准，实现各类数字资源管理系统的网络互联，为高校图书馆联盟数字资源共享奠定基础。③搭建一个共享平台。有共享平台，才有数据流动和共享的舞台。通过建立大数据平台，将各类数据整合与集成，实现各高校的数字资源共享。

第二节　互联网背景下高校图书馆检索服务

我国高校的学术资源投入一直在保持较快增长。文献资源购置费的高投入带来了文献资源的高增长，以北京的清华大学图书馆和武汉的华中科技大学图书馆为例，到2011年底学术资源馆藏总量分别为419.7万册（件）和579万余册（含院系资料室），均涵盖了理、工、文、经管等各学科的综合资源，另外分别有各类网络数据库500个和400多个以及大量电子期刊和图书资源。高校馆藏的不断积累，标志着学术资源"大数据（Big Data）"时代的到来。

一、高校图书馆检索困境

学者韩翠峰认为，大数据时代的到来将对作为社会中储存信息知识、提供信息服务的信息中心的图书馆形成冲击与挑战。付蔚和王海兰找到的一份2002年的评估报告指出，谷歌搜索引擎在一天半的时间内处理的问题要比全美所有图书馆一年所提供的检索服务量还多。而2007年余金香等人做的文献统计，也支持了以上评估报告的结论，她们发现，不少的调查研究都报道了大部分的用户包括学生、教师及专业人员查找资料时的首要信息源不是图书馆购买的商业电子资源或者联机公共检索目录，而是谷歌，造成这种结果的原因主要在于随着馆藏资源的日益丰富，学术资源种类繁多、数据量大、形式各异，不同的电子资源又往往分散在各自独立的数据库、检索系统和发布系统，这使得图书馆的学术信息资源比较分散杂乱，给读者检索和利用造成了许多不便，所以适时、有效地利用先进的学术资源检索技术是高校解决上述问题的重要途径。

二、高校图书馆检索技术及其优缺点

目前我国高校图书馆采用的检索技术主要有"联机公共检索目录"和"联邦检索"，现分别介绍如下：

（一）联机公共检索目录

联机公共检索目录的英文为"Online Public Access Catalog"，又简称OPAC，它通过计算机终端查询图书馆书目数据资源，为读者提供馆藏文献的线索和获取馆藏文献的便利。最早的OPAC系统出现在20世纪80年代，OPAC的初始设计是基于编目理论发展的印刷型世界，目录典型地揭示纸质书刊馆藏，延续了传统图书馆卡片式目录的构建思路，提供与卡片式目录相同的记录内容、记录格式和检索途径，随着网络技术的飞速发展，目前广泛采用的OPAC是第二代，它在检索点和网络功能方面进行了改进。根据钱文丽和李亮先提供的调查，我们发现目前国内高校可供选择的OPAC的系统厂家有十几家，而在我国"211工程"院校中使用较多的有国内公司开发Libsys、ILAS和MELINETS以及国外的INNOPAC、ALEPH和Web-Cat。

1. 联机公共检索目录的工作原理

OPAC的工作原理主要分为三个层次，图书馆馆藏书目源数据与电子资源元数据一起构成数据层；业务逻辑层构建在数据库系统与客户端之间，为每一数据源的MARC元数据建立统一的文档类型定义，并通过该类型定义将各数据源的元数据映射成全局 XML 文档视图来进行整合；客户端在 OPAC 的基础上，经过一定的扩充修改后实现统一检索功能。

有关 OPAC 的功能，我们以清华大学图书馆的 INNOPAC 为例。

该系统可查询清华大学图书馆收藏的中西文图书、日文图书、俄文图书、中西文期刊和 1994 年以后收藏的日文期刊、多媒体资源、大部分外文电子期刊、学位论文和中外文电子图书，以及 7 个专业图书馆及部分系图书馆的馆藏。它使用命令语句并包含菜单导向检索，还增加了关键词检索，更多地为用户显示数据库记录中的有关主题信息，有的系统还使用词组进行检索。此外，该系统更注重用户界面的设计，为用户提供更多的功能，如下拉式、帮助功能、拼写错误校正、浏览查找、布尔逻辑检索、图形显示书目资料的排架位置等。更加突出的是，突破了书目数据的限制，引进了期刊题录、文摘及情报数据等。

2. 对联机公共检索目录的评价

OPAC 系统的应用对学术检索的作用是显著的。首先，OPAC 为读者检索馆藏资源提供了一个统一的界面；其次，OPAC 的应用促使读者养成利用网络查询资源的习惯；最后，OPAC 的机读目录格式为揭示网络信息资源提供了可能。

当然，OPAC 也存在自身的局限，余金香和李书宁就认为 OPAC 发展中存在以下问题：第一，书目记录之间的关联性不强，用户不易辨别和理解检索结果各实体之间的关系；第二，文献单元应该从形式层面提升到内容层面上；第三，检索问题：失败率偏高、耗时，扩展检索能力不强。2005 年，OCLC 在《对图书馆与信息资源的认知：给 OCLC 成员的报告》中提道：信息用户中"84% 的用户使用搜索引擎进行信息检索，1% 的人从图书馆网页上进行信息检索，只有 10% 的大学生认为，在通过搜索引擎找到图书馆网站后，图书馆的馆藏可以满足他们的信息需求"。由此看来，OPAC 技术还需要进行进一步改进，以便更好地满足读者检索学术资源的需求。

（二）联邦检索

维基百科对联邦检索的功能定义为：它可将一个检索请求以合适的语法进行转换后发送到一组独立的数据库中，将合并检索到的检索结果以简洁统一的格式和最小的重复显示出来，同时通过提供一个自动或者用户选择的排序方式对结果集进行排序。业界主流的联邦检索系统包括 Web Feat、Meta Lib、Serials Solutions 和 Muse 系统。

1. 联邦检索的工作原理

联邦检索的运作机理是这样的：首先它为每个数据库创建资源描述，其次选择满足特定信息用户需求的检索数据库，将用户提问格式转译成适合所选数据库的检索格式，接下来合并检索结果并按用户需求定制个性化的排序方式将检索结果反馈给用户。

以 Meta Lib 系统为例，我们可以实现如下功能的检索：

第一，检索馆藏的纸质资源的电子目录。第二，检索图书馆购买的电子资源并提供全文链接。第三，检索 Google Scholar 等网络免费电子资源并直接反馈全文信息。第四，可以自定义不同资源进行整合检索。第五，读者在登录个人空间模块后该系统能提供个人检索的书目记录文档，也能提供个性化数据库的集合定制检索，以及提供定期检索提醒服务。

2. 对联邦检索的评价

联邦检索技术与联机公共检索目录相结合，让学术资源的整合检索更加便利，从而提高了学术资源的利用率。

虽然联邦检索系统具有自身的优势，但 Webster 认为，该技术还是不能从根本上解决检索平台间日益增长的复杂性和缺乏统一性等问题。联邦检索在使用过程中仍会存在着一些无法克服的困难，主要有以下几点：①因在多个数据库中同时进行实时检索，这就导致了联邦检索的结果返回速度过慢。②由于每次各个数据库反馈给联邦检索的结果有限（每次只能抓取 20~30 条结果），所以无法实现真正意义上的结果的相关性排序和去重。③读者必须通过图书馆的认证系统才能实现检索功能。④联邦检索并不能优化检索系统，其功能受制于本地数据库检索性能和搜索能力的局限。考虑到联邦检索技术功能的不足，陈家翠认为，以元搜索为基础的知识发现系统是下一次学术资源检索发展的方向。

三、检索技术应用趋势

鉴于 OPAC 和联邦检索系统的不足，近年来，图书馆界一直在寻求一种数字资源的整合之道，以便为用户提供一个实现各类学术资源发现与获取的一站式解决方案，从而提升用户利用资源的有效性与友好性，基于元数据预索引的网络级发现服务系统便是其中的佼佼者。2010 年，美国著名的教育技术方面年度报告《地平线报告》就指出，网络规模发现服务将是未来三年发展迅速的一个领域。据几大网络规模发现服务提供商统计，截至 2011 底，已经有 400 余家美国高校图书馆和公共图书馆使用网络规模发现服务。目前，被我国高校用户认识和采用发现服务系统主要有 Summon、EDS 和 Primo 三个产品，虽然用户数量较少，但已引起了业内的广泛关注。

发现服务系统将图书馆的所有资源和馆外学术资源都纳入统一的架构和单一的索引体系，它事先为图书馆众多的本地和远程资源建立了一个集中索引仓储，用户通过一个类似谷歌的单一检索框检索这个仓储以实现资源的一站式检索，并且这些系统还会对检索结果进行有效的组织和揭示，以帮助用户发现最合适的资源，系统的稳定性方面也超越了所有以往的统一检索产品。因此，它是高校图书馆学术资源深度整合和便捷获取的发展方向。

目前的发现系统主要采用两种系统架构：纯 SaaS（软件即服务）型和混合型。纯 SaaS 型以 Summon 系统为代表，完全将元数据仓部署在云端，力求实现对图书馆全部资源元数据的覆盖，并在此基础上构建一个完整统一的元数据索引。

混合型以 Primo 系统为代表，本馆馆藏和自建资源数据部署在本地，其他元数据部分则部署在云端，目的是以馆藏和自建资源弥补目前元数据仓储中元数据覆盖的不足。

两种模式各有利弊，混合型模式能更好地和图书馆原有的 OPAC 系统进行整合，而纯 SaaS 模式能减少图书馆对学术资源维护的成本。

有关发现服务系统的功能，我们以清华大学图书馆的"水木搜索"（Primo 系统）为例：

①在资源整合方面可以整合查询图书馆的各类馆藏资源，包括实体资源和数字资源，涵盖了本地拥有的资源、远程存取资源、书目、全文等。

②在检索方式方面，Primo 提供了简单检索和高级检索两种模式，其中简单检索类似于谷歌的单一检索框，方便读者进行快速检索；高级检索则提供了"题名""作者""主题词"四个检索字段限定栏，同时可以限定"资料类型""语种"和"出版日期"等文献特征，同一字段内可以使用 AND、OR、NOT 来进行逻辑检索，还可使用半角双引号进行精确匹配，可使用截词符，不同检索条件间逻辑以 AND 逻辑连接，从而满足精确检索的需要。

③在检索结果提炼方面，提供了多样化的排序和分面分析功能。Primo 将检索结果按照相关度分值排序，与查询相关度最大的排在最前面，读者可以重新选择排序方式，然后按日期或流行程度排序；在分面分析方面，可以通过主题、文献类型、作者、出版来源和语种等多个角度来提炼结果。多样化的结果排序和分析为读者筛选文献提供了便捷的通道。

④在结果获取方面，提供资源的一站式获取。记录的每条简单浏览界面都会显示获取链接，结果页面提供直接查看馆藏的借阅信息、提供已购电子资源的全文链接并提供开放资源的 SFX 链接功能等。

此外，该系统还整合了个性化显示和 Web2.0 的功能，结果页面会显示与检索主题相关的百科词条，显示图书封面、目次、书评，并将不同版本或多个分册的图书书目记录合并为一条记录显示；它可以让人们联机协作与共享信息，用户参与互动，给系统提供的数据增值，用户可以为百科词条挑错，为记录增加标签、评论、打分，还可以发送检索结果至 EndNote 等。

当然，目前的发现服务系统也存在一系列问题，主要表现在：①国外的几大发现服务系统针对中文资源的目录签约度不高，导致了发现服务系统仅能访问少数中文资源。②并非所有资源都能实现全文检索。③现有的资源发现系统尚不能很好地揭示不同资源条目之间的复杂关系。

针对以上问题，发现提供商和图书馆已经解决采取了部分弥补措施，例如，针对中文资源的访问瓶颈，EDS 和南京大学联合开发了 Find+，利用国内的合作团队开发中文目录资源；而某些高校采取的办法是在引进国外发现服务系统的同时，引进国内开发的中文发现系统。西安交通大学图书馆为例，该馆在引进国外 Summon 发现服务系统的同时，也购买了国内超星发现作为中文资源发现的补充。但由于版权的原因，要想实现所有资源的全文检索则是一个不可完成的任务。在今后的研发过程中，如何发现系统更好地借鉴 FRBR（书目记录的功能需求）的思想，将会对资源条目之间的关系揭示带来改进。大数据时代的"3V"：量级（Volume）、速度（Velocity）和多样性（Variety）给不断加大学术资源建设投入的高校带来了严峻挑战，如何让文献检索服务得到广大师生用户的认同是实现大数据第四个"V"（Value）的重要前提，而学术资源检索技术的采用又是文献检索服务得以实现的重要前提。每个新的检索技术的采用并不是对先前技术的全盘否定或者抛弃，而是以原有技术为基础的改进和发展，它们之间是整合协同关系。高校的学术资源提供者应关注检索技术的发展，了解各种检索技术的优缺点，并结合用户的切实需求和使用习惯，及时引进新技术并科学引导用户对新技术进行利用，以达到高效利用学术资源的目的。

第三节 互联网背景下高校图书馆个性化信息服务

近年来，国内高校图书馆一直致力于个性化信息服务的开展，作为信息定向明确、服务针对性强、使用便捷的一种新兴服务模式，它的深入推广受到了高校师生的广泛好评。随着个性化信息服务的大范围推广，如何根据用户不断变化的信息需求情境，实时调整信息服务策略，更好地体现信息服务的"个性化"特征就成为高校图书馆个性化信息服务发展亟待解决的问题。

一、个性化信息服务的发展瓶颈

感知用户真实的信息需求情境是开展个性化信息服务的前提。目前，在个性化信息服务过程中，各高校图书馆通行的做法是通过问卷调查、网络访谈、电话咨询等途径事前获知用户的信息需求，通过对获得的用户需求信息进行分析，进而由学科馆员或参考馆员针对相应的信息需求开展独具特色的相关服务。受用户不断变化的信息需求等因素的制约，传统的个性化信息服务模式存在明显不足。

（一）无从感知用户真实的信息情境

传统的个性化信息服务模式在获取用户信息需求时大都以问卷调查或访谈为主，这种传统的信息需求获取模式受问卷调查表设计缺陷、用户表达不清、担忧网络访谈泄露自身隐私等因素的限制，使得高校图书馆获取的用户信息需求往往存在一定偏差，那么，在不真实的信息需求基础上开展个性化信息服务势必难以取得理想的效果。

（二）服务针对性有所缺失

高校图书馆的服务对象主要是在校师生。受师生的教学进度、研究任务不断变化等相关因素的影响，个性化信息要取得良好的使用效益，必须及时根据用户不断变化的信息需求情境实时调整服务策略。然而受时间局限性、频繁沟通的不便等各种因素的制约，日常服务中，师生往往无法做到或不愿向图书馆员来反映自己已经变化了的信息需求，因无法实时感知用户变化了的信息需求，导致高校图书馆所提供的个性化信息服务于用户的信息需求存在严重脱节，服务针对性较差。

（三）个性化信息服务遭遇用户流失危机

互联网环境下成长起来的大学生，自身掌握了丰富的互联网使用经验，他们对图书馆的依赖性有所降低，受图书馆信息服务针对性不强、信息使用不便等因素影响，当有信息需求时他们首先想到的是百度、谷歌、SNS等途径而非求助图书馆。一方面，高校图书馆掌握了丰富的馆藏资源，希望通过个性化信息服务方式为资源找到合适的使用者。另一方面，个性化信息服务针对性不强，用户大量流失。提高个性化信息服务针对性，强化用户使用体验满意度，已经成为高校图书馆个性化信息服务过程中必须解决的难题。

二、个性化信息服务系统可行性

（一）丰富的数据来源

高校图书馆作为全校的信息资源中心，积累了海量的用户行为数据，如用户查询书目产生的 OPAC 日志，用户借还书所产生的借阅信息，用户浏览、下载电子资源所产生的电子数据库使用痕迹，用户使用学科化信息服务中心与学科馆员的互动信息，用户在图书馆微博和公众号中留下的评语，用户访问图书馆论坛停留时间等。这些海量数据从侧面真实地反映了用户变化着的信息情境，通过对这些海量数据进行有针对性的挖掘、分析，可真实反映用户当下的信息情境，进而为图书馆开展个性化信息服务提供决策参考。

（二）较易识别的目标群体

开展个性化信息服务，需实时跟踪用户不断变化的信息行为，分析用户的信息需求，进而实现精准定位的信息推送。获取用户的信息需求离不开实时的 Web 数据挖掘，而 Web 数据挖掘的难题之一是目标用户的身份识别。对高校图书馆个性化信息服务系统而言，目标群体具有明显的区分度，较易识别。受经费、版权等因素的制约，目前高校图书馆的服务对象主要是在校师生，师生在使用图书馆资源时，其信息均已在图书馆注册过，通过对师生的信息记录进行相应的识别，即可准确定位目标群体。此外，高校师生在校园内访问网络资源时，其电脑 IP 地址大都已经在校园网网络中心注册过，因此通过客户端的用户名及密码，即可轻松实现目标用户的精准识别。

（三）用户信息需求的实时感知

用户的信息需求可以通过其相关的信息行为体现出来。对高校师生而言，当他们在教学、科研或学习方面有信息需求时，大都会通过图书馆或互联网等途径进行自我服务。在自我服务过程中，后台服务器能如实记录用户的信息行为数据，通过对这些数据的深入挖掘，用户实时的信息需求显露无遗。

三、个性化信息服务系统构建

（一）系统构建目标

大数据环境下构建高校图书馆个性化信息服务系统，其最终目的是通过对互联网上用户使用日志、会话信息、评论信息、搜索查询记录、图书馆使用记录等进行深入挖掘，实时感知用户变化着的信息需求，进而针对用户的真实信息情境开展有针对性的个性化信息服务。基于系统的构建目的，系统的构建目标为：在图书馆已有的信息服务平台及服务模式的基础上，整合来自不同数据仓库中的相关记录，通过 Web 数据挖掘，感知用户实时的信息需求，并基于此开展有针对性的个性化信息服务。

（二）高校图书馆个性化信息服务系统模型

通过对用户行为数据的实时跟踪，获取用户的信息需求，涉及数据集合、数据规范化、信息分析、信息推送等功能。大数据环境下，高校图书馆个性化信息服务系统应包含数据集成模块、数据规范化处理模块、信息分析模块

（含结构化数据分析模块、互联网日志分析模块、移动终端位置判定模块）、信息匹配模块、信息推送模块、用户使用评价模块。

（三）高校图书馆个性化信息服务系统模块功能

1. 数据集成模块

高校师生的信息行为数据分散地存储在图书馆不同的自动化系统中，数据集成模块将图书馆信息系统相关记录、学科化信息服务平台信息、电子资源使用记录、网络日志等多个数据源中的相关数据进行链接，将不同来源、不同格式、不同记录结构、不同含义特点的数据记录在逻辑上进行有机集中，为数据规范化处理做好准备工作。

2. 数据规范化处理模块

数据规范化处理模块用于对集成后数据进行规范化处理，以使数据符合数据挖掘相关算法的需要。

第一，合成记录。图书馆所使用的自动化系统由不同的软件开发商提供，因彼此之间缺乏沟通协调，造成各服务供应商的系统数据库中的数据字段其格式及含义各不相同，要想对用户的信息行为进行挖掘，必须选取唯一标识用户的数据字段对来自不同系统的用户行为数据进行有机集合。对高校师生而言，他们使用图书馆的资源，要通过先前办理的图书借阅证，因读者编号具有唯一性，可以将读者编号作为连接用户存贮在不同数据库中的相关记录的链接标识符。

第二，数据规约。不同数据库或网络日志中的信息记录具有不同的标识及记录方式，比如读者信息库中的性别记录可能为"男"或"女"；而校园网络信息中心用户网络日志中的信息记录可能为"Male"或"Female"，而实际他们具有相同的含义，数据规约功能用来对具有不同属性名但含义相同的数据进行规范化处理，以达到降低数据歧义，提高数据分析准确性的目的。

第三，数据清理。经合成记录模块、数据规约模块处理后，同一用户在不同数据库中的记录被集中到了同一字段，这些字段值中有的是重复记录的，需要保留一个属性值，剔除重复属性值；有的部分数据不全，对于遗漏的数据信息，需要进行补充；有的数据有误，需要进行更正；有的部分数值为实数值需要进行离散化处理。数据清理模块主要用于清除噪声数据、污染数据、错误数据及不一致数据。

第四，数据变换。不同的数据分析及数据挖掘算法对数据具有不同的要求，数据变换模块主要通过平滑聚集、数据概化等方式将数据转换成符合数据挖掘算法要求的数据形式。

3. 信息分析模块

高校师生有信息需求时，会通过三种途径加以解决。一是通过图书馆提供的相应服务，二是通过互联网搜索引擎进行信息搜索；三是通过移动互联网求助社交网站。对于用户的这几种信息资源利用方式，分别对应产生了结构化信息、半结构化信息和非结构化信息。用户使用图书馆信息服务时，图书馆大都通过一定的技术手段对用户的咨询内容、服务反馈等进行如实记载，这些记录大都以规范的表格存储在相应的数据仓库中，属于结构化数据分析模块处理范畴；用户利用互联网进行信息搜索时，会在服务器日志文件中留下使用痕迹，对用户的网络信息行为进行相关分析，属于互联网日志分析模块功能范畴；用户使用移动互联网，利用虚拟人际关系进行信息求助时，其核心节点是人，而非网页，因此对于移动互联网日志我们需要采取特殊的信息分析策略来进行有效分析。

第一，结构化信息分析模块。结构化信息具有固定与规范的数据格式，该模块主要对数据聚合、规范化处理后的数据进行挖掘操作，对数据挖掘后的相关数据进行聚类与分类处理，并根据用户的信息行为，将用户细分为不同的数据粒度，以识别不同用户之间相似的信息行为及相同用户在不同时间段差异性的信息需求行为。

第二，互联网日志分析模块。互联网日志如实地记录了用户对 Web 服务器的访问情况，通过对这些数据进行分析，可以快速、准确获知用户当前的信息需求。

数据处理模块主要用于对相关数据进行净化处理，识别用户身份，删除不必要信息以达到缩减数据规模、降低系统响应时延的目的。

在进行互联网信息访问时，用户有可能不直接通过网页上的链接功能进行页面访问，而是通过浏览器的后退功能直接调用缓存在计算机中的历史记录来进行访问。路径补充模块用于识别用户当前页面信息的原始来源，补充缺失的用户访问路径。

网页的访问频率及停留时间对于判定用户的信息需求具有重要意义。如果用户频繁地访问某一页面或在某一页面上停留了较长时间，则可以认为该页面是用户信息需求的一个集中反映。访问统计模块用于对用户在不同时间段访问的相关页面进行频次统计，填写用户访问日志表中的"访问频次字段"，为用户信息需求判断提供决策参考。

第三，移动信息分析模块。随着智能手机终端、平板等各种移动设备的普及，高校师生通过移动终端来获取信息资源已成常态，为改进服务方式，高校图书馆适时推出了微博、微信、掌上图书馆等服务模式，并对这些服务模式中所积累的用户信息进行挖掘，对于个性化信息服务的开展具有重要意义。移动信息分析模块用于对用户的移动互联网浏览信息进行挖掘，以获取用户的地理位置、兴趣点等信息行为特征，根据用户的兴趣点实现信息资源与用户移动终端的精确匹配。

4. 信息匹配模块

获知用户的实时信息需求后，高校图书馆工作人员在信息匹配模块针对用户不同的信息需求，利用馆藏资源及互联网信息资源制定不同的信息服务策略，满足用户的个性化信息需求。

5. 信息推送模块

信息推送模块用于对不同的用户进行有针对性的信息推送。系统提供三种信息推送模式，一是用户借阅相关书籍或使用电子资源时自动给用户推荐数据挖掘中发现的其他用户的信息选择结果，有针对性地推荐用户尚未发现的信息资源。二是当用户使用图书馆微博、微信、学科服务时，第一时间根据数据分析的结果，向用户进行相关信息的推荐提示。三是根据用户的移动终端位置及终端类型，及时向用户推送其订阅的相关信息。

6. 用户使用评价模块

通过大量的数据挖掘与分析，个性化信息服务系统发现了用户的行为意图，并向用户推送了相关信息。为提高个性化信息服务的针对性，提高系统服务的精准度，用户在接收相关信息时，可以通过用户使用评价模块直接对接收的信息进行评价，系统自动将用户的评价信息存入后台的个性化信息服务库。个性化信息服务库中的信息积累可以为日后高校图书馆工作人员修正数据、挖掘算法提供参考，从而能够改进个性化信息服务系统的服务效果。

四、个性化信息服务系统应用

（一）用户隐私权可能受损

个性化信息服务系统通过对用户信息行为数据的集成、分析、聚类、分类等相应处理，发现数据之间隐藏着的用户信息特质，那么为更好地获取用户信息需求，用户信息行为痕迹被系统实时地监控，无形中增加了用户隐私权受威胁和侵犯的概率。为保障用户的隐私权，在进行用户信息行为数据分析前必须征得用户本人的同意，同时在数据分析前必须对涉及用户隐私的相关数据进行相应的数据清洗操作，删除与个性化信息服务无关的数据，最大程度上避免用户的隐私权受损。

（二）数据来源的限制

只有当用户的信息行为数据达到一定的存储规模并具有一定的数据耦合度时，才能通过个性化信息分析系统来进行数据的深度挖掘与分析，得到具有较高价值的用户信息需求特征。个性化信息服务系统的数据来源大部分局限于校园内，对于用户在校园外的信息行为数据，必须通过与电信服务运营商和移动服务提供商进行沟通协调方能获得。因此，数据来源的局限性，在一定程度上降低了用户信息行为特征识别地精准度。

第四节 互联网背景下高校图书馆嵌入式服务

随着现代信息社会及科学技术的不断发展，学科内的团队合作和学科间的交叉合作日益明显，对其综合化要求也越来越高，在具体研究中，对多学科文献资料的专业获取与综合分析成为研究常态。对以主要为院校师生科研、教学提供文献保障与文献信息服务的高校图书馆而言，这些趋势的显现使得他们不得不思考如何顺应时代的要求，将图书馆服务的中心从以文献为中心转向以用户为中心，无缝地、动态地、互动地融入用户的科研过程中，以此为用户提供专业化、学科化的便捷服务。于是，能满足上述要求与顺应用户需求的能融入用户工作学习生活空间的嵌入式服务自被创新应用以来，就迅速地受到了国内外图书馆特别是以为科研等提供信息保障的高校图书馆的青睐，得到了广泛应用。

一、高校图书馆嵌入式服务内容

自1993年米歇尔·鲍文斯第一次提出"嵌入式"（embedded）概念，嵌入式逐渐在高校师生的教学科研信息服务中得到动态展现。21世纪，随着Web2.0等现代信息技术的发展与人们获取信息的网络化、数字化趋势的明显，嵌入式服务得到了长足发展，图书馆特别是高校图书馆提供嵌入式服务已成为国内外近年来流行的一种主要信息服务模式，并得到国际图联（IFLA）、美国图书馆协会（ALA）等图书馆组织的重视。美国图书馆协会2011年的一期网络直播节目就是关于嵌入式馆员通过借助不同的方式和途径，嵌入到高校院系的物理空间和虚拟空间，并且有效地融入相关的教学科研活动中。

图书馆嵌入式服务是通过利用"藏"在图书馆的知识去服务用户，实现了由向用户提供信息的能力到向用户提供知识能力的转变。因此在开展之初，不少图情工作者就认为，嵌入式服务将是未来高校图书馆信息服务的必然发展趋势。不同用户有不同的专业背景与学科需求，这使得高校图书馆员在日常的服务工作中不但对图书馆信息服务所需的信息检索、信息组织与信息分析等工作技能有着深厚的积累和历练，也对所面对用户的学科领域知识较为熟悉和了解，因而在学科服务上具有一定的优势。由于嵌入式服务能提高资源的发现、利用率，提高用户的图书馆服务满意度，因此，全球范围的高校图书馆都在根据自身学科优势和特点积极探索实践嵌入式服务，提倡学科馆员走出图书馆，为用户提供跨越时空的信息咨询、学科导航、课题跟踪、科学数据发现和管理等服务，以促使他们有机地融入师生的教学、科研和学习之中。如美国亚利桑那健康科学图书馆组织嵌入式图书馆员，为各学院提供分布式服务；约翰霍普金斯大学韦尔奇医学图书馆的嵌入式信息专员项目面向教师、学生和职员开展服务；我国的中国科学院国家科学图书馆也早在2006年就提出了"融入一线、嵌入过程"的第二代学科馆员服务，即嵌入式服务模式。

二、高校图书馆嵌入式服务实践

20世纪90年代，我国一些大学图书馆在借鉴国外嵌入式服务的基础上，开始尝试在教师的教学、科研项目中开展嵌入式服务。但当时由于受技术、资源及服务经验等的多方限制，开展地服务也大多是基于学科资源服务与推送提供的学科服务，还不能完全称之为嵌入式服务，自进入21世纪以来，我国高校图书馆才开始真正实践嵌入式服务，如2006年江西宜春学院图书馆开展的在医学院临床专业开展一种以学生、教学院为中心的教师和馆员学科教育合作模式探索、2007年沈阳师范大学图书馆尝试应用"Big6信息问题解决模式"嵌入到本科生和研究生的教学过程中、2008年上海交通大学图书馆与任课教师合作，开展了嵌入新生课程的信息素养培训等。随着我国高校图书馆嵌入式服务的深入开展，嵌入式服务的方式、途径与模式也多种多样，我国已有学者将嵌入式服务的途径、模式等进行了总结与分类。作者在此根据嵌入式服务的活动目的与过程不同，将其分为嵌入到师生科研项目活动中的服务、嵌入到日常教学活动中的服务、嵌入到日常学习和生活活动中的服务以及嵌入到政府与社会组织中的服务四种类型。

（一）嵌入到师生科研项目活动中的服务

嵌入到科研项目活动中的嵌入式服务是高校图书馆嵌入式服务的主要形式。具体是指高校图书馆利用自己的丰富资源与在信息获取等方面的专业服务优势，使图书馆员参与用户科研团队为项目的选题、申报、研究、结题、成果评价和成果转化等各个环节提供全程式的知识信息服务。在科研过程中，图书馆员为科研人员提供研究背景、国内外研究现状等信息，定期或不定期提供同行的最新研究进展与学术动态信息，撰写专题调研报告、学科领域的技术热点报告，对科研机构及其国际国内竞争对象的研发实力、研发产出、未来研发趋势、市场竞争力等方面进行分析与评价。如上海交通大学图书馆农业环境学科馆员范秀凤积极嵌入到教师的科学研究过程，2011年1月12日受邀参与上海交通大学农业与生物学院召开的"农业与生物学院科研项目申报工作会议"，并做了题为"科研课题申请前的文献调研和前沿跟踪"的讲座；上海交通大学图书馆的语言媒体学科馆员汤莉华充分发挥馆员在信息收集、资源获取方面的专长，为刘士林教授的研究课题《中国都市化进程报告》提供面对面的资源检索辅导服务，还为刘士林教授主编的《中国都市文化研究》主持"都市学术资讯"栏目与编撰。

（二）嵌入到日常教学活动中的服务

高校图书馆是学生的第二课堂，除提供信息资源外，为学生提供信息素养教育、提高学生的阅读兴趣与技能等也是其应有的职能之一。因此，图书馆除向科研团队等提供嵌入科研过程的服务之外，将服务嵌入到日常教学活动之中也是其嵌入式服务的一大主要组成部分。国内高校图书馆嵌入到日常教学活动之中的服务，主要是以图书馆员作为教学助手嵌入到用户课堂或者嵌入到网络教学平台（如 Blackboard、Web CT 等），并有机地将信息素养与专业课程结合起来，把信息检索技能、信息意识和信息道德融入专业课程教学内容，通过专业教师与图书馆员的协作使学生掌握专业课程的基本知识，提高学生的信息素养能力，增强学生的自学能力和科研创新能力。例如，自 2008 年起，上海交通大学图书馆与国家级教学名师王如竹教授倾力合作推出嵌入式新生研讨课《可再生能源的高效转化与利用》。在嵌入式新生研讨课基础上，王如竹教授与图书馆合作申报的《新生研讨课的嵌入式教学和考核新模式探讨》项目获批为 2010 年上海交通大学本科教学改革项目；重庆工学院图书馆与该校汽车学院合作，将信息素养教育融入《互换性及测量技术》课程的教学和实践。图书馆员负责拟定信息素养课程教学策略、教学大纲，收集大学生实习主题的相关信息，对《互换性及测量技术》课程学习前后大学生信息素养能力进行测试和分析，根据测试分析结果为学科教学和信息素养教学提供改进的参考建议。

（三）嵌入到日常学习和生活活动中的服务

现代信息技术的发展与泛在知识环境的进一步深化，使得人们的信息需求、信息获取都发生了巨大的变化，各种信息服务机构无处不在、无时不有，这对作为传统社会信息中心的图书馆提出了挑战，为了应对这一挑战，图书馆通过流动图书车、24小时自动借还机来延伸物理服务空间；通过移动图书馆、数字图书馆来延伸网络服务空间；还通过Web2.0技术、工具条开发技术嵌入到社交网络、用户计算机桌面、浏览器、手机等移动终端来实现用户日常学习、生活的嵌入式服务。如清华大学图书馆研发了"The library"工具条、北京大学图书馆研发了"LIBX"工具条等嵌入到用户的浏览器之中；上海师范大学图书馆、清华大学图书馆于2009年11月2日和11月27日分别融入开心网、人人网，围绕图书馆的最新动态和专题培训等信息服务发布日志和记录，建立起"以书为介质、以人为中心"的交流互动，通过投票、测试等趣味应用以及可预期和随机的奖励，让用户对图书馆产生兴趣，使图书馆服务无缝融入到用户的社会网络。

（四）嵌入到政府与社会组织中的服务

高校图书馆作为高校的文献信息中心，拥有丰富的专业资源，同时，图书馆员不仅具有信息检索、信息组织等专业服务素养，更由于近年来高校图书馆在学科服务方面的开展与积累，使得图书馆员还具有较为深厚的专业学科知识，具有一般机构信息服务人员难以比拟的优势，因而高校图书馆在专业领域的信息服务方面还具有人才优势。随着高校图书馆面向社会开放的推进，高校图书馆不仅将文献资源、学习空间面向社会开放，还结合阵地服务，开展了诸如社会阅读推广等社会活动与服务，而面向社会、企业、科研单位的嵌入式服务就是其中之一。高校图书馆面向社会提供的嵌入式服务主要是针对用户的需求，提供专题报告，如2009年清华大学图书馆的四位学科馆员和该校的几名博士研究生合作，为北京某科研单位太阳能新材料技术研究提供月度简报和发展态势研究报告。

三、高校图书馆嵌入式服务发展趋势

（一）服务更注重用户体验，服务呈现立体化、常态化趋势

通过嵌入式服务，学科馆员将用户可能需要的信息知识推送到了用户的科研、学习与生活之中，由此可以看出，用户的信息知识获取是在学科馆员根据用户的科研项目、学科背景、选题领域等分析基础上的信息推送、素养培养，对用户来说是一种被动的信息接收过程。毫无疑问，这类针对性与专业性强、信息丰富的信息知识，对于用户来说是非常有价值的，但由于用户的信息接收途径、时间等个体喜好的差异，图书馆会完全按照自己的服务模式，去向用户提供已经设定了服务模式的数据产品，用户的体验感受无法在服务中得到体现与反馈，这与越来越强调用户体验的图书馆服务理念是相悖的。因此可以预见，在嵌入式服务的经验与模式已达到一定积累和成熟的未来，注重用户体验的嵌入式服务将是图书馆服务发展趋势之一。而且随着大数据时代用户的要求更加趋向差异化、知识化、学科化，那么图书馆的嵌入式服务将呈现立体化与常态化发展趋势，从而实现泛在知识环境下的任何时间、任何地点、任何方式获取所需信息。

（二）技术在服务中将发挥更大的作用

技术的产生、发展、运用总能推动社会的进步，图书馆一直是善于运用信息技术的社会机构，从20世纪70年代的MARC到20世纪末的元数据，再到21世纪初的云计算、大数据，图书馆总能在探索中找到将它们应用于读者服务之中的方式、途径，并且每一种新技术的出现都能促使图书馆升级服务的模式。对嵌入式服务来说，现在已有了从最早的将学科馆员嵌入到科

研团队、教师课堂等环境之中来为其提供相应的信息知识，到后来的通过工具嵌入到用户的桌面、浏览器、社交网络可以通过用户的信息定制、互动会话来实现信息的嵌入推送服务。大数据时代的到来推动技术在嵌入式服务中起到越来越大的作用，基于信息数据分析、数据挖掘、知识发现的大数据技术将运用到用户的服务之中，以通过分析、挖掘丰富的用户信息行为等数据来实现对用户可能需要知识的深层揭示与提供。

大数据时代的到来，使得数据的类型将更加多样，数据的数量将更加丰富，对数据和真相的分析与认识也需要管理平台和技术的保障，从而在知识环境下进行所需信息的查找变得更加困难，图书馆需要对服务的内容、对象和手段实施变革，通过系统集成、服务集成、团队工作等多种方式，采用开放式的服务模式，协调和利用各种技术、知识、资源和人员，融入用户工作学习和生活的物理空间、虚拟空间、组织机构和社会网络，嵌入到用户教育、科学研究和决策过程，提供一种到身边、到桌面、随时随地的主动服务。

第五节　互联网背景下高校图书馆知识服务

信息社会的快速发展与大量智能终端的广泛应用，使得数据的产生、来源、类型变得简单而丰富，越来越多的非结构化数据、半结构化数据呈爆发式增长，且其组成结构、类型格式、存在形态等都愈加复杂，整个社会发展进入了一个大数据时代。大数据时代，数据将成为社会资源的一部分被加以重视，基于数据的处理、分析、挖掘等服务都将被信息服务机构所应用和开展，这对承载着知识存储、组织、开发与传播重任的图书馆及以文献信息分析为基础的图书馆咨询服务工作造成了强烈冲击，大数据为高校图书馆知识咨询带来新的机遇。

一、高校图书馆咨询服务新模式

（一）知识咨询服务：有别于传统咨询服务的创新型服务

知识咨询与参考咨询及信息咨询相比，在诸多方面均存在着差异。首先，从定义来看，知识咨询是针对用户在工作、学习、生活中的知识选择、吸收和利用需求，以图书馆员的图书馆学、情报学、信息学等专业知识为基础，利用先进的技术对相关信息进行提取、组织、优化，融入用户知识获取的全过程，从而为用户决策与创新提供丰富的知识、有效的答案；参考咨询是图书馆员根据用户需求而进行的文献搜集、检索、揭示、传递并提供知识产品的过程；信息咨询则是向用户提供有关数据、资料的服务过程。其次，从服务的专业化、知识化水平来看，参考咨询和信息咨询都只限于所能提供的数据或信息，而知识咨询更在意是否能提供解决用户问题的知识。最后，从服务类型来看，知识咨询服务的提供方式可以是参考咨询、信息咨询，如将结构化（或标准化）文献信息、数据、线索提供给用户，或将进行了一定数据分析加工的知识产品提供给用户。但知识咨询服务更注重用户的专业化、知识化、个性化需求，提供解决用户实际问题的知识，以及与用户协同合作创造的知识服务和面向用户的知识管理等。

（二）知识咨询服务：大数据时代图书馆知识服务的主要方式与手段

大数据时代，信息资源的竞争力已不再是其所占的数量、范围等因素，而是在于基于信息资源服务的信息化、知识化和信息数据的分析与组织程度，以及基于知识的创新力竞争，产品和服务的最大价值判断标准是其隐藏的信息与知识含量有多少，提高产品的信息化、知识化程度，以寻求隐藏在事物表象背后的本质成为市场竞争的主要手段。图书馆界已敏锐地看到了社会的发展及服务的转变需求，由原来的资源依赖型、劳动密集型服务向知识服务、信息服务转变。21世纪初，国内外图书馆界在知识服务方面就进行了积极探索，到目前已形成了较为完整地图书馆知识服务体系，产生了大量个性化、专业化、团队化的创新服务途径与模式。其中，基于内容分析，与知识服务完美融合的知识咨询服务，必将成为图书馆在大数据时代的咨询服务模式。

二、高校图书馆知识咨询服务新机遇

大数据时代的到来，意味着我们进入了一个以密集型数据的相关挖掘、分析、处理来推动社会创新发展的时代，基于大数据分析等数据处理业务的盛行与成熟，也将为高校图书馆知识咨询服务带来新的发展机遇。

（一）大数据为知识咨询服务带来了更加丰富的数据资源

大数据时代的到来，意味着大量的非结构化数据、半结构化数据应用将进入人们的视野，据互联网数据中心的《数字宇宙》研究报告称，2011年全球被创建和复制的数据总量为1.8ZB，预测到2020年，全球将拥有35ZB的数据量。另一则统计数据显示[1]，世界结构化数据增长率是32%，而非结构化数据增长率则是63%，至2012年，非结构化数据占互联网整个数据量的比例已达到75%。这些数据无不说明大量的社交数据、信息行为数据等结构化数据、非结构化数据、半结构化数据都将被记录、存储、分析与利用，无论是数据的类型，还是数据的数量都将得到极大地丰富。

---

[1] 牛琨. 纵观大数据建模、分析及应用[M]. 北京：北京邮电大学出版社，2017.

（二）大数据为知识咨询服务带来了更加专业的数据分析技术

信息时代大量信息数据的产生，使得方差分析、判别分析等数据分析理论得到了极大的应用与发展，同时这些分析理论被图书情报服务机构将其与信息技术如仿真模型、神经网络分析、Web挖掘等有机结合，进而运用到了机构网站链接、学科优势分析、影响力评估、可视化图谱绘制、科技发展态势监测、国家竞争力分析等领域。但具体分析这些技术和理论时，会发现，它们都是基于大量、有序地结构化数据，并不能从真实发生而又未被记录的数据中发现、挖掘更深、更多的隐含信息，进而得到更能揭示事物发展本质以及发展规律的知识。大数据时代的到来则为这一难题提供了解决方案，通过高速捕捉、发现和分析，从大容量、多类型的数据中获取价值的大数据技术架构将为数据分析业务带来更多的变化与支撑，如目前被广泛关注和应用的分布式系统基础架构Hadoop、非关系型数据库技术NoSQL等大数据技术。

（三）大数据为知识咨询服务带来了新的解决问题的思维方式

不管是传统的信息咨询、参考咨询还是知识咨询，一般的服务思维都是出现问题—逻辑分析—找出因果关系—提出解决方案，使用户的问题得以成功解决，可称为逆向思维模式。但根据大数据战略，基于大数据的知识咨询流程是：收集数据—量化分析—找出相互关系—提出优化方案，使得用户的问题解决方案从成功跃至卓越，可称为正向思维模式。这种解决问题的思维方式的变化将为图书馆的知识咨询服务带来发展机遇，也可引入其他服务。国际商业机器公司与美国孟菲斯警察局合作的"利用数据历史减少犯罪"项目就是一个很好的例证。该项目将大量的数据进行软件分析，发现强奸案和户外付费电话之间存在着较强的关联关系，因此，警方决定将付费电话转移至室内，这使得强奸案的发案率明显降低。

（四）大数据为知识咨询服务提供了广阔的合作视野

知识咨询服务与传统的信息咨询、参考咨询最大的区别就是知识咨询以用户需求为本，寻求解决用户疑问的知识服务。这种服务一方面需要以专业的知识组织、知识发现等素养去完成，另一方面也需要大量的相关信息、数据去支撑，而这些信息、数据的组成很可能是某一专业领域的，也可能是跨专业领域、多专业领域的；既可能是一个信息机构所拥有的，又可能是多个信息机构共同拥有的。这种特征在当前信息时代非常突出，而在大数据时代将更加显现，这就为图书馆带来了一个巨大的发展机会。因为从微观上看，图书馆的数据资源随着这种特征的突显而更具优势；从宏观上看，数据的更加开放、多学科的数据分析联系更为紧密，将为图书馆与专业性服务机构的多领域、高层次合作注入全新动力。

三、高校图书馆知识咨询服务驱动因素

国际商业机器公司目前发布的基于全球95个国家、26个行业的1 144名业务人员和IT专业人士广泛调研形成的《分析：大数据在现实世界中的应用》白皮书认为，实践大数据的五大驱动因素中，数据资源将会是大数据时代发展各个相关业务的主要驱动因素之一。同时，"2012年互联网数据中心亚太区大数据高峰论坛"及其与会者的最新调研成果《中国大数据技术与服务市场2012—2016年预测与分析》认为"大数据相关人才的欠缺将成为影响大数据市场发展的一个重要因素"。虽然大数据时代图书馆知识服务的发展驱动因素有很多，但数据资源和人才建设将是最主要和最重要的两大驱动因素。

（一）数据资源建设

大数据时代的到来，使得数据成为企业、机构乃至政府所重视的资源。2012 年 1 月，瑞士达沃斯论坛发布的《大数据、大影响》报告形象地将数据称为社会的"金矿"和"黄金"。此外，一些 IT 业发达的国家如美国等近来也出现了一批以数据的获取、聚合、加工为盈利手段的企业，由此可看出大数据的资源价值。图书馆知识咨询服务中的数据分析、数据处理和数据挖掘等的实现也需要大量的大数据资源支持，而这些数据可能是已存在于图书馆数据库中的书目信息、电子图书等结构化数据，也可能是用户在图书馆的借阅行为、阅读习惯等非结构化数据，更可能是在其他社会场所如商业中心、社会服务中心、娱乐中心和工作空间等的信息行为数据。有权威机构 2011 年发布的统计数据显示，全球数据总量每两年就会增长一倍。新增数据中，90% 以上属于传统技术难以处理的非结构化数据，如音频、视频、图片、网页等。因此，图书馆应认清数据在知识服务特别是知识咨询中的重要性，提高数据收集意识，并通过对现存数据进行分析、加工、重组，把大量随机的、分散的、无序的信息转换为规律的、集中的、有序的数据，来为将来的知识咨询等服务提供坚实的数据保障。

鉴于目前图书馆的数据资源类型较为单一，特别是隐藏着巨大价值的非结构化数据收集几乎属于空白，图书馆在数据资源的建设中，需特别重视非结构化数据的收集与丰富，以满足用户个性化、多样化地知识需求。如美国国会图书馆的"美利坚记忆"，收集整理了照片、手稿、海报、乐谱、地图等记载美国历史文化特色的馆藏资源。又如馆内布局与藏书流通率的关系等，表面上看起来毫不相关的两件事，通过大数据分析，就能量化并预测用户的借阅行为。因此，只有将非结构化数据与结构化数据加以综合收集、分析，知识咨询服务才更能得到用户的认同，并创造出真正的价值。令人欣喜的是，国家图书馆正在进行新一期维修改造，建成之后的数字图书馆的非结构化数据存储量将达到800TB，这说明我国图书馆界已认识到大数据带给图书馆的价值与机遇，并已开始了数据的收集与整理工作。

（二）人才培养

大数据时代的到来使得大数据技术与服务市场得到空前发展，也使得社会对掌握数学、统计学、数据分析、商业分析和自然语言处理等多学科知识的数据工作者的需求越来越旺盛。互联网数据中心认为，中国大数据技术与服务市场将会从2011年的7 760万美元快速增长到2016年的6.16亿美元，同时麦肯锡也认为，在2018年，美国需要14万～19万名具有"深度分析"经验的工作者，以及150万名更加精通数据的经理人。而多种数据显示这类工作人员非常稀缺，如著名的国际研究顾问机构高德纳咨询公司（Gartner Group）就认为只有1/3的新的工作岗位能雇佣到熟悉大数据技能的IT专业人员。图书馆若想从信息时代的参考咨询、信息咨询走向大数据时代的知识咨询，并将其嵌入到用户的管理决策、教学科研、科技创新等社会行为的全过程之中，提供以智力、知识、工具的应用为特征的深度知识服务，就需要咨询馆员的知识结构、技能素养等。互联网技术巨头眼中的数据工作者、数据科学家相差无几。因为在大数据时代，图书馆知识咨询馆员既要掌握学科服务、嵌入式服务等咨询服务工作必备的信息检索、信息分析、信息组织及相关平台与工具使用等基本素养，还要掌握大数据环境下的数据挖掘、数据组织等大数据知识与技能。

英特尔中国研究院首席工程师吴甘沙也认为，大数据最为关键的部分就是数据分析和挖掘数据价值，这就需要对数学、统计学、机器学习等多方面知识的综合掌控。因此可以看出，大数据时代，图书馆知识咨询馆员除需具备传统咨询馆员的基本素养外，还需具备的首要素养就是能对数据做出预测性的、有价值的分析。这是因为从计算机学界的理解来看，大数据的核心技术是机器学习和知识图谱，介于基础设施和应用之间。例如，大数据应用的代表谷歌公司的开发方向即为机器学习以及由搜索团队负责的知识图谱。也正是由于大数据具有这样的业务特点，所以企业最需要两种人才：一类是综合型人才，另一类是技术专家。但对图书馆来说更需要第一类人才，因为图书馆知识咨询馆员既要了解所服务的用户学科背景，还要了解图书馆的相关服务知识，更要了解大数据技术的各个层面，以综合的视角制定切实可行的方案。

在人才培养途径上，目前一些互联网公司已经意识到了大数据人才紧缺的问题，建立了专门的数据科学家团队，但对图书馆来说，与专业的数据处理公司和高校合作，通过人才委托培养等方式，使用成熟的产品和技术是更为现实的选择。另外，一些高校与企业联合开展的大数据教育模式，也为图书馆的大数据人才培养途径提供了捷径与借鉴。如北京航空航天大学计算机学院、软件学院与百度、淘宝、腾讯等企业合作，联合创办了国内首个大数据专业工程硕士培养项目。美国的密歇根州立大学、伊利诺伊州立大学、北卡罗来纳州立大学和亚利桑那州立大学等也开设了大数据的相关课程和研究方向。如亚利桑那州立大学已经围绕元数据、数字格式和数据迁移等主题开设了数字馆藏课；伊利诺伊州立大学香槟分校则开设了一个数据监护方向的硕士学历教育项目。

大数据时代的到来及大量相关技术的广泛应用，使得海量、复杂、多结构数据的即时获取、精确分析、深度挖掘成为现实，为图书馆等信息服务机构的服务手段、服务理念、服务思维、服务基础、服务载体、服务管理等带来支持与改变，也将为正在国内外图书馆界兴起的知识服务带来诸多服务增长点，其中基于大数据分析支持的知识咨询就是主要增长点之一。但如同Web2.0、云计算等技术一样，任何技术都是一把双刃剑，大数据为图书馆带来全新的技术、方法、平台、理念以帮助和促使人们通过数据整合、数据分析、数据挖掘来揭示出数据的内在价值，并且在实现数据价值增值的同时，也给图书馆带来了诸多的其他问题。如大数据的应用在推动服务向以数据为中心的密集型、创新型服务转变的过程中，用户个人隐私却无处遁形了。2013年央视3·15晚会曝光的网络广告商通过Cookies偷窥用户隐私的行为，其实也就是一种大数据的隐私泄露事件。包括图书馆在内的社会服务机构，若想在大数据时代有所发展，解决诸如此类的相关问题也就显得非常必要和紧迫。

第六节　互联网背景下高校图书馆阅读推广

图书馆学界著名学者范并思认为，高校图书馆应该将阅读推广作为图书馆发展的核心领域。通过推动大学生阅读，培养大学生良好的阅读习惯，帮助大学生树立正确的世界观、价值观、人生观，帮助大学生建立健全人格和品质。在高校图书馆阅读推广中，如果能充分发挥利益相关者的作用，将会使整个阅读推广体系更健全、更丰富、更有效。

1963年，斯坦福大学研究所对"利益相关者"做出了定义，认为："利益相关者是指若失去其支持则使得组织无法生存的团体。"[①] 随后，瑞安曼对

---

① 徐旭.利益相关者合作伙伴关系对建设项目绩效的影响[D].成都：西南交通大学.2012.

"利益相关者"给出了较为全面的定义:"利益相关者通过企业来实现其目标,同时也对企业实现目标产生影响。"[①] 目前,影响较大的是1984年美国学者弗里曼在其著作《战略管理:利益相关者管理的分析方法》中提出的利益相关者的相关理论,他认为"所谓利益相关者,是指能够对组织目标的实现产生影响,或者受到组织目标影响的个人或者群体"。[②] 利益相关者理论明确说明了集体或者集团应该追求的利益最大化不应该仅仅是其本身的利益,还应该是集团相关者与集团共同的利益,也说明了集团的发展离不开相关的参与者。

一、高校图书馆用户分析

高校可以被视作一个利益相关者组织,作为高校的一个子组织,高校图书馆也是一个利益相关者组织。高校图书馆的利益相关者,是指那些对高校图书馆的运作和发展产生影响的组织或个人。高校图书馆利益相关者由读者、图书馆员工、管理部门、学校其他部门、资源商、其他图书馆、社会捐助方、媒体、其他相关机构等组成。这些利益相关者可以分为直接相关层、兄弟伙伴层、资助层、其他层四层。

直接相关层,包括直接与图书馆日常事务相关的读者、员工、资源商和管理部门。读者对图书馆的使用状况直接决定了图书馆的资源建设方向和发展目标,所以,读者是图书馆核心的利益相关者。虽然目前读者能够直接参与图书馆管理的途径较少,但是读者参与图书馆管理非常有必要。图书馆员工包括图书馆各个部门的工作人员,图书馆员工是图书馆建设和服务的主体,在大数据环境下,图书馆员工更应该具有连接信息资源和读者的能力。资源

---

① 牟静.大数据环境下的高校图书馆阅读推广研究—利益相关者共赢视角[J].图书馆研究,2015(1):72-75.

② (美)弗里曼.战略管理——利益相关者方法[M].王彦华,梁豪,译.上海:上海译文出版社,2006.

商是指为图书馆提供纸质资源、电子资源等资源的出版社、杂志社、电子数据商等，这些资源商提供资源的种类和数量直接决定着读者从图书馆获得知识和信息的广度和宽度。管理部门是高校中管理图书馆工作的部门，包括财务、基建等部门，这些部门直接决定着图书馆馆舍的位置、大小，图书馆每年能够购买资源的资金等，决定了图书馆能够为读者服务的便捷性、舒适性以及图书馆资源的全面性和实效性。

兄弟伙伴层包括学校其他部门和其他图书馆等，学校其他部门是指与图书馆工作不直接相关的部门，这些部门虽然不直接决定图书馆的各项资源，但是可以与图书馆开展合作，如共同举办学生活动等，从而提高图书馆的利用率。其他图书馆则指其他院校图书馆和公共图书馆等，通过与兄弟图书馆的合作，共享资源和服务，能够为图书馆的发展提供支持和帮助。

资助层是指为图书馆提供资助和捐助的集体或个人，资助方为图书馆提供资金或者实物捐助，能够有效地弥补高校图书馆在财政方面的不足。

其他层则是指与图书馆工作相关的其他集体或个人，包括媒体等相关机构。

二、国内外高校图书馆阅读推广活动

（一）国内高校图书馆阅读推广活动

国内高校图书馆开展了各种各样的阅读推广活动和读书项目，这些活动主要集中在图书馆主导的一些传统的服务项目上，包括讲座、刊物出版、阅读活动等。

1.新书/好书推广赏析讲座

许多高校图书馆都开展了新书/好书推广、推荐和赏析的讲座，为读者提供新书资讯。有些高校图书馆会不定期开展相关讲座，邀请图书作者或专家为读者介绍和鉴赏好书。有些高校图书馆还会通过这种方式推荐一些好的影视作品。

2. 导读刊物

不少高校图书馆编制了导读刊物，通过刊物，图书馆工作人员与读者、读者与读者进行交流。刊物内容不仅仅局限于好书推荐、发表读后感，还可以分享经典小故事和原创文章等。

3. 特色阅读活动

高校图书馆根据自己学校和地域特色，开展特色阅读活动，如根据阅读内容设定的"红色阅读"，集中推广爱党爱国书籍；根据阅读对象定的"亲子阅读"，主要鼓励教职工与孩子共同阅读；根据时间定的"睡前半小时阅读"，主要倡导读者每天开展一定的阅读。

4. 阅读日/阅读月活动

高校图书馆在特定的时间开展阅读日或者阅读月的活动，如结合4月23日世界阅读日等时间契机，开展读书文化系列活动，引导图书馆读者以书为友，养成良好的自主读书习惯。

5. 结合网络技术的阅读推广活动

许多高校图书馆通过开设图书馆博客、微博等，在网上为图书馆用户推广图书阅读。此外，有些高校还开发了移动图书馆，为读者在手机等移动便携终端提供电子阅读服务。

（二）国外高校图书馆阅读推广活动

国外高校图书馆在阅读推广活动方面，除了可以开展与国内类似的常规活动外，还有一些特色创新活动，主要有：

1. 鼓励电子阅读

目前电子化阅读非常流行，国外有些高校图书馆专门建立了电子阅读室，让读者在图书馆就能享受到丰富多彩的电子化阅读。例如，美国北卡罗来纳州立大学就设有专门的学习共享空间，在这个空间里有多种先进的多媒体设备，包括触屏阅读机、影视墙、电子报纸等，很好地弥补了传统纸质图书阅读的不足，满足了网络时代读者的阅读需求。

2. 读书认证机制

国外有些高校图书馆有专门的读书认证机制，学生需要在完成基本阅读数量或者参加足够的读书活动并通过评价考试后才能毕业。为了保证毕业阅读认证的顺利实施，还配备了专门的阅读推广机构，对毕业阅读认证进行运作。例如，韩国江原大学的学生如果选择读书认证，则需要完成规定的基本阅读数量或阅读活动，同时江原大学有专门的毕业资格读书认证运营委员会，负责出台相关政策、推荐图书、举办活动、开展考试和宣传等。

三、高校图书馆阅读推广策略

目前，大数据环境下的高校图书馆阅读推广活动不应该仅限于图书馆主导。除了图书馆本身，其他的利益相关者包括资源商、兄弟部门等也都是阅读推广的受益者。因此，高校图书馆在开展阅读推广时，应该与利益相关者进行合作，或者直接由高校图书馆的利益相关者牵头开展一系列阅读推广活动。

（一）直接相关层的阅读推广活动

1. 读者开展的阅读推广活动

读者是高校图书馆开展阅读推广的实施对象，读者需要在所有阅读推广活动中承担受众的角色，除此之外，读者也可以发挥自身能动性，主动参与阅读推广的相关活动。读者可以在各类阅读推广活动中承担志愿者的角色，利用目前的大数据环境，在各个平台上积极参与阅读推广的活动；也可以帮助进行口碑影响，在读者之间宣传阅读推广。图书馆还应该鼓励用户自创阅读推广活动，发挥用户的聪明才智为用户提供展示自己的平台。

2. 图书馆员工开展的阅读推广活动

图书馆员工是高校阅读推广的主体，除了保持现有的、常规的阅读推广活动外，高校图书馆员工还应该加强交流和学习，开展更加丰富多彩的阅读推广活动。其主要措施可以分为硬件和软件两个方面：硬件方面，高校图书馆员工应该为图书馆用户提供良好的阅读环境，包括富有文化气息的桌椅书架、先进便捷的阅读设备、温馨的装修装饰等；软件方面，高校图书馆员工应广泛开展各种阅读推广活动，如针对特定的节假日开展主题阅读活动，在端午节举行屈原作品品鉴会、国庆节举行爱国作品茶话会等。

3. 资源商开展的阅读推广活动

高校图书馆的资源商可以对图书馆阅读推广活动给予一定的资金支持，再为其他活动提供奖品等。资源商也可以作为活动的主办者，开展一些阅读推广活动。例如，超星等电子资源提供商可以开展读书大赛，鼓励高校大学生阅读电子书，并根据大学生阅读的数量进行评比和奖励；CNKI 可以根据其收集的用户使用大数据进行用户行为分析，从而给用户推送具有针对性的资料；新华书店等纸质书商可以在校园里开展签售会、读后感征文比赛等，鼓励大学生阅读。

（二）兄弟伙伴层阅读推广活动

1. 高校其他部门开展的阅读推广活动

高校里的其他部门包括各院系、各职能部门等，这些部门除了可以帮助图书馆协办阅读推广活动外，还可以主办一些阅读推广活动。例如，团委可以结合文化活动打造阅读推广品牌活动，让全校师生感受到丰富的书香文化；院系可以举办某一学科的图书阅读月，在这一个月大力推荐该学科名著，帮助学生提高专业素养。

2. 其他图书馆开展的阅读推广活动

其他图书馆包括其他院校图书馆、公共图书馆、各种机构图书馆等，这些图书馆在高校开展阅读推广活动，可以提高该图书馆的图书利用率和该机构的知名度。例如，公共图书馆可以针对高校师生采用无押金办理借书卡的形式，鼓励高校师生到公共图书地进行阅读和使用，这样可以帮助高校图书馆补充资源的不足，也使得公共图书馆发挥更大作用。

（三）资助层阅读推广活动

资助层除了在图书馆开展阅读推广活动方面进行资助之外，还可以开展以资助方命名的阅读推广活动。例如，一些知名人士为高校师生免费发放资助者的传记，鼓励高校图书馆用户学习名人精神和力量，同时也可以提高资助方的知名度。

（四）其他层阅读推广活动

其他层包括媒体、社区等各种与高校图书馆有关的群体，这些群体既是高校图书馆的利益相关者，又是高校图书馆阅读推广的参与者和受益者。媒体可以利用高校图书馆阅读推广活动开展宣传，也可以在高校图书馆用户中推广自己的媒体产品。社区可以与高校图书馆结合，倡导社区居民与高校师生一起共享阅读，也可以邀请高校图书馆员工、用户参与到社区图书馆建设和文化氛围塑造中，打造学习型、阅读型社区。

阅读推广是高校图书馆的主要工作主题，阅读推广不仅能够为读者提供知识，也使得高校图书馆的利益相关者们从中受益。在阅读缺失的年代，高校图书馆的利益相关者们，应该站在共赢的视角上，转变传统的观念，积极共同努力，引导高校图书馆用户开展阅读、关注阅读，打造书香校园、书香社会。

参考文献

[1] 黄如花，司莉，吴丹.图书馆学研究进展[M].武汉:武汉大学出版社，2017.

[2] 中国社会科学情报学会.图书馆、情报与文献学研究的新视野（7）：中国社会科学情报学会2013年学术年会论文集[M].北京：中国书籍出版社，2014.

[3] 霍瑞娟，刘锦山.基层图书馆建设与服务创新[M].北京：国家图书馆出版社，2016.

[4] 钱静雅.我国现代图书馆管理理论与实践研究[M].北京：中国水利水电出版社，2017.

[5] 阮光册，杨飞.公共图书馆管理与服务[M].上海：上海科学技术文献出版社，2015.

[6] 范并思.图书馆资源公平利用[M].北京：国家图书馆出版社，2011.

[7] 沈学植.图书馆学ABC[M].北京：知识产权出版社，2017.

[8] 刘芳.图书馆学会职能的拓展与延伸[M].沈阳:辽宁科学技术出版社，2015.

[9] 徐娅囡.新形势下高校图书馆的发展与创新研究[M].北京：中国纺织出版社，2018.

[10] 王惠君.基层图书馆公益讲座[M].北京：国家图书馆出版社，2011.

[11] 叶继元. 图书馆学学术规范与方法论研究 [M]. 北京：科学技术出版社，2014.

[12] 何秀荣. 高校图书馆创新发展研究 [M]. 北京：中国农业大学出版社，2018.

[13] 柯平. 图书馆战略规划研究 [M]. 北京：社会科学文献出版社，2014.

[14] 盛小平. 图书馆职业发展与制度建设 [M]. 北京：科学出版社，2016.

[15] 李华，史新伟，李迪. 高校图书馆信息资源建设与学科服务研究 [M]. 北京：中国纺织出版社，2018.

[16] 郑建明. 数字图书馆建设体制与发展模式 [M]. 北京：科学出版社，2013.

[17] 李健. 高校图书馆服务标准体系研究 [M]. 北京：科学出版社，2017.

[18] 张浩如. 图书馆营销研究 [M]. 北京：国家图书馆出版社，2017.

[19] 王波. 图书馆学及其左邻右舍 [M]. 北京：海洋出版社，2014.

[20] 朱明. 图书馆管理制度与制度化管理 [M]. 北京：中国社会科学出版社，2018.

[21] 龚娅君. 数字图书馆新媒体服务研究 [M]. 北京：国家图书馆出版社，2016.

[22] 张成昱，张蓓，远红亮，等. 移动数字图书馆：和知识一起运动 [M]. 北京：清华大学出版社，2017.

[23] 杨新涯. 图书馆服务共享 [M]. 北京：知识产权出版社，2016.

[24] 程娟. 图书馆核心竞争力研究 [M]. 北京：国家图书馆出版社，2016.

[25] 张伟，刘锦山. 公共图书馆转型与内涵发展 [M]. 北京：国家图书馆出版社，2017.